더 없이 홀가분한 죽음

더 없이 홀가분한 죽음

오가사와라 분유 지음

최말숙 옮김

고통도 두려움도 없이
집에서 죽음을 준비하는 법

위즈덤하우스

●

떠나는 사람도 보내는 사람도
함께 웃을 수 있는 마지막을 위해

●

"내일 여행 좀 다녀올 테니 늘 가지고 다니던 가방하고 신발 좀 챙겨
줘."

"어디 가는데? 나도 같이 가요."

"이번에는 먼 여행이 될 테니까 당신은 집에서 기다려."

말기 암 환자였던 니와 씨와 그의 부인이 지금으로부터 25년 전에
나눈 대화입니다. 그리고 제가 재택의료에 대해 진지하게 생각하는 계
기가 된 사건이기도 합니다. 당시 저는 기후시 내에 오가사와라 내과
를 개원한 지 3년밖에 지나지 않은 때였기에 재택의료에 대해 별 관심
이 없었습니다. 환자가 요청하면 왕진을 나가 세상 돌아가는 이야기를
나누는 정도였습니다.

어느 날, 단골 환자였던 니와 씨가 저에게 이런 말을 했습니다.

"선생님, 낚시가 너무 하고 싶어요."

그의 소원을 들어주기 위해 니와 씨 부부와 우리 부부, 그리고 초등학생이던 제 아들 이렇게 다섯 명이 물 맑기로 유명한 나가라강(일본 3대 청류로 손꼽힐 만큼 깨끗한 강으로 기후시의 중심을 가로지른다_옮긴이)에 낚시를 하러 갔습니다. 수려한 경치를 자랑하는 긴카산(기후시의 상징적인 존재로 도심 속 휴식 공간이다_옮긴이)을 바라보며 낚시를 즐기던 그는 말기 암환자라고는 믿기지 않을 만큼 생기 넘치고 즐거워 보였습니다.

그로부터 두 달 후, 언제나처럼 아침 일찍 그의 집을 방문했습니다. 진료를 마친 뒤 병원으로 돌아가기 위해 현관을 나서려고 하는데 그의 부인이 저를 불러 세웠습니다.

"선생님, 남자는 떠나는 순간까지 멋있게 보이고 싶은가 봐요. 남편이 어제 먼 여행을 떠난다고 이야기하더라고요."

깜짝 놀란 저는 되물었습니다.

"뭐라고요? 여행이요? 설마 오늘 떠나실 생각은 아니죠?"

"선생님, 머리맡에 둔 가방이랑 신발 못 보셨어요?"

"그러고 보니 가방이 있었던 것 같기도 하네요. 하지만 신발은 현관에 있어야 하지 않나요?"

"무슨 말씀이세요. 머리맡에 신발이 없으면 안 되죠."

부인의 말에 당황해 어쩔 줄 몰라 하다가 병원으로 돌아온 지 두 시간 정도 지났을 때였습니다. 외래 진료를 하고 있는데 그의 부인에게서 전화가 걸려왔습니다.

"선생님, 지금 남편이 먼 곳으로 떠났습니다."

조금 전까지 웃고 있던 그가 죽다니 어안이 벙벙했습니다. 이내 정신을 차리고 지금 바로 가겠다고 말하자 뜻밖의 대답이 돌아왔습니다.

"선생님, 남편은 이미 먼 여행을 떠났어요. 여기에 오시기보다는 병원에 있는 환자들을 돌봐주세요. 저희 집은 진료가 다 끝난 후에 오셔도 됩니다. 제 걱정은 하지 마세요. 저는 너무 행복하니까요."

그 말에 다시 놀란 저는 진료를 마치자마자 니와 씨 집을 찾아갔습니다. 반듯하게 누워 있는 그의 얼굴을 보고 놀라움을 금치 못했습니다. 왜냐하면 눈을 감고 있는 모습이 너무나도 평온해 보였기 때문입니다. 두 달 전 낚시할 때와 마찬가지로 행복한 미소가 가득한 얼굴이었습니다. 평온한 죽음을 맞이한 남편과 그런 남편을 떠나보내는 부인의 행복한 얼굴을 보고 문화적 충격을 받는 동시에 '왜?'라는 의문이 들었습니다.

대학병원에서 근무하던 시절에 응급진료를 담당하기도 했던 저는 수많은 임종을 지켜보면서 '죽음은 슬프고 괴로운 것'이라고 생각했습니다. 그래서 "얼마나 상심이 크세요"라는 말로 유가족을 위로하곤 했습니다. 당시에는 생의 마지막을 병원에서 보내는 것이 너무나 당연한 일이었기에 연명치료를 받으며 고통스럽게 삶을 마감하는 사람이 많았습니다. 그러나 생의 마지막 순간까지 취미 생활을 즐기며 부인과 행복한 시간을 보낸 니와 씨의 평온한 임종은 의료에 대한 저의 인식을 완전히 바꾸는 계기가 됐습니다.

인생의 마지막을 집에서 맞이한 말기 암 환자의 평온한 죽음을 보고 생명의 신비로움과 재택의료의 필요성을 새삼 느낀 저는 지난 25년 동안 재택의료 보급에 힘을 쏟아왔습니다.

이 책에는 수많은 행복한 얼굴이 등장합니다. 모두 제가 돌본 환자들의 실제 사례입니다. 여기에 등장하는 사람들을 보면 '정말 그런 일이 가능할까?'라고 놀랄지도 모릅니다. 저 역시 '재택 호스피스 완화 케어'를 시행하기 전까지는 소중한 가족을 먼저 떠나보낸 유가족이 '웃는 얼굴로 브이 포즈'를 취하며 사진을 찍을 수 있으리라고는 생각지도 못했습니다. 하지만 지금은 다릅니다. 오랜 세월 동안 재택 호스피스 완화 케어를 경험하면서 수많은 기적을 만났기 때문입니다.

아직 재택 호스피스 완화 케어의 개념은 확립되지 않았지만 저는 이렇게 설명합니다.

재택이란 생활하는 곳, 호스피스란 생명을 돌보며 삶과 죽음 그리고 이상적인 임종에 대해 생각하는 것, 완화란 통증과 고통을 줄이는 것, 케어란 따스한 보살핌 속에서 살 수 있다는 희망이 싹트고 몸에 생기가 돋게 하는 것입니다. 이 모든 것이 어우러질 때 비로소 환자에게 진정한 재택 호스피스 완화 케어를 제공할 수 있다고 생각합니다.

최근 수년 동안 강연회 등 계몽활동을 적극적으로 진행하면서 많은 사람이 집에서 임종을 맞고 싶어 한다는 사실과, 그럼에도 집에서 임종을 맞이할 수 있다는 것을 모르는 사람이 많다는 사실도 알게 됐습니다.

현재 일본에서는 사망자 네 명 중 세 명이 병원에서 죽음을 맞고 있습니다. 하지만 간병보험제도(우리나라의 장기요양보험제도에 해당_옮긴이)가 도입되고 재택의료의 질이 향상됨에 따라 홀로 사는 말기 암 환자라도 본인이 원한다면 집에서 임종을 맞을 수 있게 됐습니다. 자신이 원하는 곳에서 생을 마감할 수 있게 된 것입니다.

누구나 통증이나 불안감 없이 편안하게 지내다 떠나고 싶을 것입니다. 떠나는 사람을 웃으며 보내고 싶을 것입니다. 이것이 모두가 원하는 행복한 임종이 아닐까요?

사람은 누구나 한 번은 죽습니다.

혼자 살거나 가족에게 짐이 될까 두려워 포기하는 환자, 간병 문제로 고민하는 가족, 그리고 재택의료에 대해 아직 모르는 분들이 이 책을 끝까지 읽어주셨으면 합니다. 여기에 소개된 기적 같은 이야기를 통해 우리 인생의 선택지가 하나 더 늘어날지도 모릅니다.

차례

1장

•
•

집에서
마지막까지
나답게 살기로 한
사람들

시한부 3개월
해외여행을 떠나기로 하다

●

아사이 미키(40세 여성)

병명: 자궁경부암, 뼈 전이, 골반 내 전이(남은 수명 3개월)

가족: 부모와 같이 산다

●

"다시 한번 해외여행을 가고 싶어요."

아사이 씨의 마지막 소원이었습니다. 그의 간절한 소원은 이뤄졌을까요?

그의 모친이 오가사와라 내과에 찾아온 것은 시한부 선고를 받은 후였습니다.

"선생님, 암으로 입원한 딸아이가 3개월 시한부 선고를 받았는데 죽기 전에 꼭 해외여행을 가고 싶다고 하네요. 아파서 앉지도 못하는

데 여행은 힘들지 않을까요?”

“아뇨, 그렇지 않습니다. 계속 병원에 있다면 못 가겠지만 퇴원한다면 못 갈 것도 없지요.”

여러분 중에도 시한부 3개월에 제대로 앉지도 못하는데 해외여행을 갈 수 있다고 생각하는 분은 거의 없을 것입니다. 하지만 마음만 먹으면 여행은 언제든 갈 수 있습니다. 입원 중인 병원에서 외출 허가를 해주지 않아 갈 수 없을 뿐 시한부라서 못 간다거나 체력이 약해서 못 가는 것은 아닙니다. 그래서 저는 이렇게 말했습니다.

“퇴원하면 기운이 날지도 모르니 큰맘 먹고 퇴원하는 것도 나쁘지 않아요. 긴급 퇴원도 가능하니까 언제든 연락주세요.”

“정말이요? 감사합니다. 딸하고 이야기해볼게요.”

그 후 아사이 씨와 그의 모친이 내린 결론은 마지막 소원을 이루기 위해 퇴원하는 것이었습니다. 그 이야기를 들은 저는 그가 입원해 있는 병원에 바로 연락해 퇴원 수속을 밟을 수 있도록 도왔습니다.

그런데 ‘긴급 퇴원’이라는 말을 들어본 적이 있나요? 조금 생소할 것입니다. 긴급 퇴원이란 글자 그대로 바로 퇴원하는 것을 말합니다. 퇴원을 원하는 환자들 중에는 시한부 선고를 받았거나 생사의 갈림길에 놓여 있는 분이 많아 하루라도 헛되이 보내서는 안 됩니다. 그래서 저는 어떤 환자라도 바로 퇴원할 수 있도록 도와주기 위해 병원들과 협력 관계를 맺고 있습니다. 따라서 긴급 입원이 가능한 것처럼 긴급 퇴원도 가능한 것입니다.

퇴원 후 오가사와라 내과에서 재택 호스피스 완화 케어를 제공하기 시작했을 때 아사이 씨의 ADL은 현저하게 떨어진 상태였습니다. 여기서 ADL(Activities of Daily Living)이란 '일상생활 동작능력'을 의미하는 것으로 식사, 배설, 보행, 목욕 등 일상생활에 필요한 기본 동작을 말합니다. 이와 비슷한 말로는 QOL(Quality of Life)이 있는데, QOL은 삶의 질을 의미합니다.

해외여행을 떠나고 싶다는 그의 소원이 이뤄지기 위해서는 먼저 일상생활 동작능력이 향상되어야 합니다. 그래서 밤낮없이 그를 괴롭히던 통증에서 벗어날 수 있도록 항염증 작용이 강한 부신피질호르몬제제인 솔루메드롤(Solumedrol)을 매일 주사했습니다.

또한 간호사가 직접 집으로 찾아가 마약성 진통제인 모르핀(Morphine), 옥시코돈(Oxycodone), 펜타닐(Fentanyl)을 단독 투여하거나 병용 투여하면서 마사지와 심리치료를 병행했고 덕분에 점차 통증이 완화됐습니다.

재택 호스피스 완화 케어로 통증이 완화돼 여행에 대한 기대와 희망을 품을 수 있게 되자 일상생활 동작능력도 점점 향상됐습니다. 만약 꿈을 이루지 못하더라도 희망을 품은 채 머나먼 여행을 떠난다면 그것이 행복한 임종이 아닐까 생각합니다.

그러던 어느 날 그의 집으로 왕진을 나가자 두 모녀가 여행지 이야기로 꽃을 피우고 있었습니다.

"전 아직 한국에 가본 적이 없어서 다음에 기회가 되면 꼭 한번 가

17

보고 싶네요. 가서 골프도 쳐보고 제주도도 일주해보고 싶어요. 아사이 씨는 어디로 가나요?"

"예전에 엄마하고 서울에 간 적이 있는데 이번에도 서울에 가려고 요. 여행 갈 생각만 하면 마음이 너무 설레요. 하루라도 빨리 가면 좋겠 어요. 근데 마약성 진통제를 들고 세관을 통과할 수 있나요?"

"서류를 제출하면 괜찮습니다. 의료용 마약을 몇 알 소지하고 있는 지 알 수 있도록 영어로 적어줄 테니까 문제가 발생하면 이걸 보여주 세요."

"갑자기 통증이 몰려오면 어떡하죠?"

"진료 의뢰서를 써줄 테니까 안심하고 병원에 가면 됩니다. 무슨 일 이 생기면 바로 연락주세요."

"한국에서 죽지는 않겠죠?"

"죽음은 갑자기 찾아오기 때문에 어디에 있든 죽음을 피할 수는 없 겠지만 희망을 품고 사는 사람은 그렇게 쉽게 죽지는 않을 거예요. 그 러니 아무 걱정하지 말고 여행 잘 다녀와요."

재택 호스피스 완화 케어를 시작하고 약 한 달쯤 지났을 때 아사이 씨는 드디어 꿈을 실현했습니다. 염원하던 해외여행을 즐기고 무사히 귀국한 그에게 제가 받은 가장 큰 선물은 "너무 재미있었어요"라고 말 하며 웃는 얼굴이었습니다. 그로부터 세 달 후 그는 집에서 평온한 죽 음을 맞이했습니다.

아사이 씨의 사례를 통해 재택 호스피스 완화 케어라면 포기하려던

꿈도 이룰 수 있다는 사실과 희망을 품고 살면 삶의 질(QOL)이 높아져 결과적으로 일상생활 동작능력도 향상된다는 사실을 알게 됐습니다.

　1장에서는 재택의료의 가장 큰 매력인 '자유로운 생활'과 '완화 케어와 편히 쉴 수 있는 공간'을 통해 얻을 수 있는 통증완화, 수명연장 등의 효과와 행복감에 대해 사례와 함께 소개하겠습니다.

항암치료 대신
건축가로서 일을 마무리 짓기로 하다

●

엔도 다카시(62세 남성)

병명: 대장암, 식도암, 간 전이(남은 수명 3개월)

가족: 아내와 둘이 산다

●

"암이라서 다행입니다."

이 말은 말기 암 환자인 엔도 씨가 한 말입니다. 현재 암 투병 중인 분, 가족이 암으로 고생하는 분, 사랑하는 사람을 암으로 떠나보낸 분들에게는 잔혹한 말일지도 모릅니다.

일본 후생노동성(한국의 보건복지부와 고용노동부에 해당하는 일본의 중앙관청_옮긴이)의 조사에 따르면 1981년부터 35년 동안 일본인의 죽음의 원인 1위는 암이나 육종 등 악성 신생물이었습니다. 일본인 두 명 중 한 명이 암에 걸리고, 세 명 중 한 명이 암으로 사망합니다.

'암은 죽는 병'이라는 이미지가 있기 때문에 암에 걸리면 정신적인 타격이 매우 큽니다. 그런데 그는 왜 암이라서 다행이라고 말했을까요? 이번에는 암과 친구처럼 지낸다고까지는 말할 수 없어도 암과 싸우지 않고 사이좋게 살아온 엔도 씨의 이야기를 소개합니다.

그가 병원을 방문했을 때 이미 대장과 식도에서 암이 발견됐고 간에도 전이된 상태였습니다.

"입원해서 항암제를 사용합시다."

"선생님, 항암제를 투여하면 암이 낫나요?"

의사는 아무 말도 못했습니다.

"선생님, 항암제를 투여하면 암이 낫는지 확실히 말해주세요."

몇 번이고 집요하게 묻자 결국 대답해줬습니다.

"완치는 불가능합니다. 항암제를 투여해도 한두 달밖에 더 살지 못합니다."

"항암제를 맞는데 겨우 한두 달 더 산다고요?"

"안타깝게도 그렇습니다. 암이 많이 퍼진 상태예요. 간에 전이된 암 덩어리가 열네 개 있는데 주먹만 한 것이 한 개, 그 반만 한 것이 두 개, 손톱만 한 것이 열한 개 있습니다."

"선생님, 항암치료를 받으면서 일도 할 수 있나요? 부작용은 없나요?"

"입원해서 항암치료를 받아야 하기 때문에 일은 하기 힘듭니다. 구역질, 구토 등의 부작용이 있을 뿐만 아니라 식사도 제대로 하지 못하게 될 거예요. 하지만 링거 주사를 놓으니 안심하세요. 다만, 백혈구나 혈소판 수치가 급격하게 줄어드는 경우에는 한 달 안에 사망할 수도 있습니다."

결국 엔도 씨는 항암치료를 거부하고 집에서 요양하기로 했습니다. 그렇게 한 이유는 끝까지 마무리 짓고 싶은 일이 있었기 때문입니다.

사람들 대부분은 '일보다는 생명이 더 중요하다'고 생각할 것입니다. 그러나 1급 건축사로서 고객의 마음을 가장 중요하게 생각해온 그는 입원치료를 통해 수명을 조금 연장하기보다는 하던 일을 마무리 지어 후회가 남지 않는 삶을 살고 싶었던 것입니다. 암이기에 가능한 선택이었습니다. 그리고 자신의 몸이 어떤 상태인지 알았기에 가능한 선택이기도 했습니다.

많은 환자가 주치의가 권하는 치료를 거부하면 의사와 관계가 나빠질까봐 걱정하거나 스스로의 결단에 자신이 없어서 의사의 조언을 따르는 경향이 있습니다. 하지만 자신의 생명과 관련된 일입니다. 의사에게 항암제의 치료 효과뿐만 아니라 부작용도 포함해 진실을 듣는 것이 중요합니다.

오가사와라 내과에 방문한 그는 저에게 이렇게 물었습니다.

"선생님, 3개월 시한부 선고를 받은 제가 항암제를 거부한 게 옳은 선택일까요?"

의사에 따라 대답은 천차만별일 것입니다. 저는 이렇게 대답했습니다.

"인생관의 문제라고 생각합니다. 입원치료를 받으며 고통 속에 삶을 조금 연장하느냐 아니면 하던 일을 계속 하느냐, 어느 쪽이 좋을지는 남은 인생을 어떻게 살고 싶은지에 따라 다릅니다. 어느 쪽이든 자신이 만족할 수 있는 쪽을 선택하면 되지 않을까요?"

그는 결심이 선 듯 이렇게 말했습니다.

"암이 낫는다면 항암치료를 받겠습니다. 하지만 겨우 한 달밖에 더 살지 못한다면 일을 선택하겠습니다. 지금까지 해오던 일을 마무리 짓지 못하더라도 할 수 있는 데까지 해보고 싶어요. 그러니 일을 할 수 있도록 진통제를 처방해주세요. 부탁드립니다."

엔도 씨는 오가사와라 내과를 통원하며 통증을 해소하고 심리치료를 받으면서 일에 전념했습니다. 시한부 선고를 받았던 3개월이라는 시간을 훌쩍 넘어 5개월쯤 됐을 때 그의 체력이 급격하게 떨어져 통원치료를 받을 수 없게 됐기 때문에 재택 호프피스 완화 케어로 전환했습니다. 방문 간호사가 솔루메드롤을 주 4회 주사하면서 온몸을 닦아주고 마사지로 몸의 피로를 풀어주자 그는 다시 기력을 되찾았습니다.

집에서 일을 하면서도 가족과 함께 보내는 시간을 매우 소중히 여긴 그는 예전부터 가고 싶어 하던 절에 아내와 함께 가거나 멀리 떨어져 사는 자식들이 찾아오면 손주들과 오붓한 시간을 보내곤 했습니다. 하지만 체력이 점점 떨어졌고 침대에 누워 있는 시간이 길어졌습니다. 이미 그 무렵에는 몸을 혹사시켜가며 하던 일을 다 끝내놓고 친구나 가족들과 단란한 한때를 보내고 있었습니다.

그의 부인은 재택 호스피스 완화 케어를 시작했을 때 매우 불안했다고 합니다.

"집에서 요양을 하게 되면 24시간 곁에서 돌봐야 하지 않을까, 내 삶이 없어지지는 않을까 이런저런 생각에 너무 불안했어요. 그런데 방문 간호사와 요양보호사 분들이 친절하게 돌봐주셔서 아주 마음이 편합니다. 보고만 있어도 된다고 하셔서 안심했어요."

어느 날, 부인이 사진 한 장을 보여줬습니다. 영정 사진이었습니다.

"사진 잘 나왔죠? 이렇게 차근차근 떠날 준비를 할 수 있어서 다행이에요."

이렇게 말하며 옅은 미소를 지었습니다.

먼 여행을 떠나기 여드레 전의 일입니다. 진료를 하기 위해 그의 집을 찾아가자 환하게 웃으며 저를 반겨줬습니다.

"선생님, 이것 좀 보세요. 저에게 집 설계를 의뢰했던 고객이 사과를 보내줬지 뭐예요. 그걸로 아내가 사과주스를 만들어줬는데 정말 맛있습니다. 선생님도 맛 좀 보세요."

이렇게 말하며 주스를 컵에 따라줬습니다. 사과주스를 한 손에 들고 즐거운 듯 웃는 그와 함께 브이 자를 그리며 기념사진을 찍었습니다. 카메라를 바라보는 부인의 얼굴도 행복해 보였습니다.

건축사로서, 아버지로서, 남편으로서 해야 할 모든 일을 마무리 지었을 즈음, 그의 죽음이 코앞으로 다가와 있었습니다.

오가사와라 내과에서는 이별의 시기가 다가오면 방문 간호사가 환자 가족에게 이별 안내서를 건네고는 이별을 맞이하는 방법에 대해 설명합니다.

'이별 안내서'란 환자가 세상과 이별할 시간이 얼마 남지 않았다고 의사가 판단했을 때 가족에게 건네는 책자를 말하며 거기에는 이별할 때의 주의사항이 적혀 있습니다(28페이지 참조).

'집에서 임종을 맞고 싶다'는 환자의 소원을 들어주기 위해 재택의료를 선택했지만, 대다수의 사람은 임종을 지켜본 경험이 없을 것입니다. 환자가 기력이 있을 때는 그나마 괜찮지만 죽음이 임박했음을 알리는 여러 신체적 증상이 나타나면 어떻게 해야 할지 몰라 패닉 상태에 빠지거나 구급차를 부르는 가족도 적지 않습니다. 급히 구급차를 불러 환자가 사망하기 전에 병원으로 옮겨진다면 어떤 일이 벌어질까요? 환자는 원하지 않는 치료로 고통스럽게 생명을 연장하게 될 것입니다. 참으로 불행한 일이 아닐 수 없습니다.

이런 비극이 일어나지 않기 위해서는 죽음을 앞둔 환자의 몸에 어떤 일이 일어날지 미리 알아두는 것이 중요합니다. 이별 안내서에는 앞으로 환자에게 생길 일, 이별하기 전에 해둬야 할 일, 해서는 안 되는 일 등을 적어놨습니다.

방문 간호사가 이별을 맞이하는 방법에 대해 설명하자 지금까지 헌신적으로 돌봐온 부인이 눈가를 촉촉이 적시며 이렇게 말했습니다.

"앞으로 벌어질 일을 생각하면 많이 불안했는데 설명을 듣고 나니 조금은 안심이 되네요."

머나먼 여행을 떠나기 이틀 전 엔도 씨는 저에게 이렇게 말했습니다.

"죽는 건 두렵지 않아요. 죽음이 두려운 건 불안하기 때문일 거예요. 근데 저는 전혀 불안하지 않습니다. 오히려 행복한 걸요. 제 삶에 만족합니다. 좀 이상하게 들릴지도 모르지만 행복하게 잘 살다 잘 죽는 것 같아요. 암은 의외로 좋은 놈이네요."

그리고 이틀 후 그는 가족이 지켜보는 가운데 평온한 죽음을 맞이했습니다.

앞서 QOL(삶의 질)에 대해 설명했는데 QOD(Quality of Death)라는 말도 있습니다. QOD는 죽음의 질을 의미합니다. 항암제로 효과를 볼 수 있다면 물론 사용하는 것이 좋습니다. 그러나 그는 한 달밖에 수명을 연장할 수 없는 항암치료보다는 평생 자신이 해왔던 일을 선택했습니다. 일을 완수했다는 성취감과 집에서 가족과 함께 지낼 수 있다는 만족감을 느끼며 7개월 동안 행복한 삶을 살다가 자신이 원하는 죽음, 만족하는 죽음, 납득하는 죽음을 맞이했다고 생각합니다. 바로 이것이 죽음의 질이 높다고 말할 수 있는 생의 마지막 순간이 아닐까요?

엔도 씨는 행복한 삶과 죽음을 스스로 선택할 수 있다는 것을 몸소 가르쳐줬습니다. 그가 하던 일을 이어받은 아들이 저에게 이렇게 말했습니다.

"많은 사람이 죽지 않고 살기 위해 수술을 선택할 것입니다. 하지만 고통스럽게 삶을 연장하기보다는 주어진 시간을 효율적으로 사용하는 것도 우리가 선택할 수 있는 다양한 삶의 방식 중 하나라는 걸 아빠의 삶을 통해 배운 것 같습니다."

이별을 준비하는 방법
| 평온한 임종을 위해서 |

오가사와라 내과 · 오가사와라 방문 간호 스테이션

그동안 집에서 환자를 돌보느라 고생 많으셨습니다. 환자 몸에 나타나는 이상 징후를 보고 이별의 순간이 다가왔음을 직감하셨으리라 생각합니다. 앞으로 어떻게 대처해야 할지 몰라 걱정이 많으시겠지만 가능한 한 마음을 진정시키고 차분히 이별을 맞이할 수 있도록 마음의 준비를 하시기 바랍니다. 또한 가족, 친지, 친구 분들에게 마지막 인사를 나눌 수 있도록 연락하는 것이 좋습니다.

■ 앞으로 다음과 같은 이상 증상이 나타날지도 모릅니다

- 음식물은 물론 물도 삼키지 못하게 되며 사레들리는 횟수가 늘어납니다. 이런 증상이 계속되면 의사와 상담한 후에 죽이나 푸딩과 같이 부드럽고 삼키기 쉬운 음식물을 섭취하게 하는 것이 좋습니다.
- 식욕이 떨어져 음식을 잘 먹지 못하고 자는 시간이 길어집니다.

※억지로 음식을 먹이거나 깨우지 마세요. 본인이 하고 싶은 대로 하는 것이 가장 좋습니다.

- 증상이 더 진행되면 입 안이 건조해져 말하기 불편해지고 가래 끓는 소리를 내게 됩니다. 얼음이나 물에 적신 가제 손수건으로 입 안을 닦아주면 조금은 증상이 완화되기도 합니다.
- 출혈, 폐렴 등을 일으킬 수 있습니다.
- 알아들을 수 없는 말을 하거나 감정이 격앙된 모습을 보이기도 합니다. 또한 밤낮이 바뀌고 시간과 장소를 인지하지 못하게 되며 가족이나 지인을 알아보지 못하기도 합니다.
- 소변량이 줄어듭니다.

· 혈압이 떨어지기 때문에 손발이 차가워집니다.

이러한 징후들이 반드시 한꺼번에 나타나지는 않습니다.
혹시 궁금하신 점이 있으면 언제든지 연락주세요.

■ 숨을 거둘 때의 모습

깨어 있는 시간이 거의 없습니다. 이름을 부르거나 몸을 만져도 반응이 없고 거의 움직이지 않게 됩니다. 크게 호흡한 후 10~15초 정도 숨을 멈추고 다시 호흡을 하게 됩니다. 어깨와 아래턱을 위아래로 움직이면서 얕은 호흡을 하게 됩니다. 고통스러운 듯 얼굴을 찡그릴 수 있지만 본인은 이미 의식이 없어 고통을 느끼지 못합니다. 그러나 마지막까지 청각은 남아 있으므로 하고 싶은 이야기가 있다면 들려주세요.
호흡이 멈추고 가슴과 턱의 움직임이 없어집니다. 맥박이 뛰지 않고 심장이 멈춥니다. (대부분의 사람은 이와 같은 과정을 거치며 숨을 거둡니다. 그러나 마지막 순간까지 이야기를 하는 분도 있고 옆에 앉아 있어도 눈치채지 못할 정도로 평온하게 숨을 거두는 분도 있습니다.)

구급차를 부르지 말고 방문 간호사에게 연락해주세요.
간호사가 도착할 때까지의 시간은
가족과 이별을 나누는 시간이라고 생각해주세요.

가족이 잠자고 있을 때나 곁에 없을 때 혼자서 머나먼 여행을 떠나고자 하는 분이 있을지도 모릅니다. 설령 임종을 지키지 못하더라도 자책하지 마세요. 집에서 임종을 맞이한 것만으로도 충분히 행복할 것입니다.

평생 일터였던
딸기밭에 나가기로 하다

●

와타나베 마사카즈(85세 남성)

병명: 담관암, 장폐색, 경련발작(남은 수명 2~3주일)

가족: 아들 내외와 같이 산다

●

이번에는 삶이 얼마 남지 않았을 때 집에서 마지막을 보내기로 결심한 환자의 이야기를 하겠습니다. 집 근처에 재택의료서비스를 제공하는 의사가 없어도 집에서 임종을 맞을 수 있다는 것을 보여주는 사례입니다.

어느 날, 와타나베 씨가 입원해 있는 병원에서 전화 한 통이 걸려왔습니다.

"담관암 말기로 시한부 선고를 받은 환자가 퇴원을 원하셔서 연락드렸어요. 장폐색에 경련발작 증상까지 있는데 집 근처에 재택의료서비스를 제공하는 병원이 없어서 집에서 좀 멀기는 하지만 선생님을 찾아가보라고 말씀드렸습니다."

며칠이 지나고 5월 12일에 그의 손자가 병원에 찾아왔습니다.

"요 며칠 사이에 할아버지의 상태가 급격히 안 좋아지셨는데도 퇴원하고 싶다고 하셔서 이렇게 찾아왔습니다. 더 늦기 전에 딸기밭에 가야 한다고 하시는데 이대로 퇴원해도 될까요?"

"당연히 되고말고요. 집이 좀 머니까 응급 상황이 발생했을 때 도와줄 집 근처 병원을 찾아보도록 하죠. 갑자기 몸이 안 좋아지셨다면 오늘 바로 퇴원 수속을 밟도록 합시다. 그렇지 않으면 병원에서 돌아가실 수도 있어요."

손자는 퇴원할 수 있다는 말에 기뻐하며 이렇게 말했습니다.

"정말 집으로 모셔도 되나요? 감사합니다. 앞으로 잘 부탁드립니다."

그 날 오후 와타나베 씨는 긴급 퇴원을 하게 됐습니다.

재택 호스피스 완화 케어를 시작한 환자에게 중요한 것은 '통증을 해소하는 것'과 '통증에 대한 불안감을 제거하는 것'입니다.

퇴원 후, 솔루메드롤을 정맥주사로 투여하고 장폐색에 특효약인 산도스타틴(Sandostatin)를 처방해 통증을 완화하고 경련발작이 일어나지 않도록 치료를 병행했습니다. 사랑스러운 손자, 자신의 평생 일터였던 밭 이야기를 하고 재롱떠는 증손자의 모습을 사진에 담으며 집에서 즐거운 나날을 보냈습니다. 더불어 심리치료를 실시하자 그는 마음의 안정을 되찾았습니다. 육체적, 정신적 고통에서 벗어나자 병원에서는 아무것도 먹지 못하던 그가 음식을 입에 대기 시작했습니다.

5월 15일에는 평소 즐겨 먹던 유부초밥을 한입 가득 베어 먹고 중손자와 아이스크림을 나눠 먹으며 즐거운 한때를 보냈습니다. 방문 간호사가 족욕과 발 마사지를 해주자 "여기가 천국이구나!" 하며 좋아했습니다.

다음 날인 5월 16일, 드디어 그렇게 가고 싶어 하던 밭에 나갔습니다. 방문 간호사와 함께 밭에 나가 빨갛게 익은 딸기를 땄습니다.

'꿈만 같아요. 밭에 오니 너무 좋네요.'

이것은 와타나베 씨가 'THP+(Total Health Planner Plus)'에 올린 글입니다. 'THP+'란 환자의 가족과 의료진이 정보를 공유하는 애플리케이션입니다. 나중에 자세히 설명하겠지만 가족과 의료진을 이어주는 중요한 툴로 환자의 정보를 공유할 수 있을 뿐만 아니라 환자의 가족도 글을 올릴 수 있습니다.

열흘 후인 5월 26일, 진료를 하기 위해 그의 집을 찾아갔을 때의 일입니다.

"THP+에 올리신 글 잘 봤습니다. 딸기밭에 가셨더군요. 소원을 이루셔서 다행입니다."

"선생님 덕분이에요. 딸기를 따서 먹었는데 정말 맛있더라고요."

"저도 먹어보고 싶은데요. 저하고도 같이 밭에 가보실래요?"

"좋지요. 자, 다 같이 갑시다."

그를 휠체어에 태우고 열 명이 함께 밭에 나갔습니다. 밭에는 딸기가 주렁주렁 열려 있었습니다.

그가 딸기를 따서 나눠주자 "딸기가 정말 크네요", "아주 달고 맛있어요"라고 말하며 모두들 즐거워했습니다. 딸기 따는 일이 이토록 재미있었던 적은 없었습니다.

그리고 열흘 후, 사랑스러운 손자, 증손자와 함께 즐거운 시간을 보낸 와타나베 씨는 가족이 지켜보는 가운데 행복한 죽음을 맞이했습니다.

그의 손자가 장례식을 마친 후 THP+에 올린 글입니다.

할아버지께서 활짝 웃는 얼굴로 브이 자를 그리고 계시는 사진을 장례식에 사용했습니다. 그 사진은 선생님과 함께 밭에 나갔을 때 찍은 것입니다. 오랜만에 밭에 나가서 딸기도 따고 목욕도 하고 맥주도 한잔하셨습니다. 집에서 지내시는 동안 할아버지는 정말 행복해 보였습니다. 사진 속의 웃는 얼굴을 보니 할아버지가 그리워집니다. 그리운 할아버지, 고맙고 사랑합니다.

○○○(간호사) 방문 간호 스테이션

2014년 5월 16일 14:40
오늘도 컨디션이 아주 좋으세요.
막 퇴원했을 때와는 다르게 목소리도 잘 나옵니다.
차로 5분 거리인 밭에 나가 정성 들여 농사지은 딸기를 따서 먹었습니다.
정말 맛있었습니다. 할아버지께서도 매우 만족해하셨어요.
집에 돌아온 후 의사 선생님의 지시대로 정맥주사를 놨습니다.

체온: −, 혈압: 112/60, 맥박: 75, SpO2: 96, 식욕: −, 수면: −, 마지막 배변: −

| 처방 내용 | ① 20% 포도당 20ml 1A
솔루메드롤 40mg 1/2A | ② 솔뎀3A(Soldem3A, 수액)
500ml
아리나민F(Arinamin-f) 1A
프림페란(Primperan) 1A |

즐겨찾기

※위의 내용은 담당 간호사가 THP+에 올린 와타나베 씨의 상태이다.

전직 의사가 말기 암 환자가 되어서야
할 수 있었던 선택

●

우에마쓰 히데카쓰(70대 남성)

병명: 폐암, 간 전이(남은 수명 6개월)

가족: 아내와 둘이 산다

●

이번에는 전직 의사였던 우에마쓰 씨의 이야기입니다. 말기 암 환자가 된 전직 의사는 어떤 치료법을 선택했을까요?

어느 날, 우에마쓰 씨의 부인이 병원을 찾아와 이렇게 말했습니다.

"선생님, 남편이 폐암 말기인데 어떤 치료를 받을 수 있을까요? 선생님하고 상의해보고 싶은데 저희 집에 와주실 수 있나요?"

며칠 후 그의 집으로 왕진을 나가자 그가 침대에 누운 채 굳은 표정으로 이렇게 말했습니다.

"선생님, 제가 병원에서 근무하던 시절에는 수술 후에 항암치료를 받는 환자가 많았지만 완치된 환자는 단 한 명도 없었습니다. 다들 고통 속에서 살다가 세상을 떠났어요. 꽤 오래전 일이기는 하지만 환자들에게 고통만 안겨줬습니다. 그랬던 제가 이제는 반대로 암 환자가 돼서 항암치료를 거부하고 집에서 완화 케어를 받아도 될까요? 저를 거쳐 간 환자들을 생각하면 너무 가슴이 아픕니다. 고통스럽더라도 죽을 때까지 항암치료를 받으며 투병 생활을 이어가야 하지 않을까요?"

그의 마음을 알게 된 저는 의사로서의 과거는 과거로 인정하고, 한 사람의 환자로서 어떤 치료를 받을지 자유롭게 선택했으면 좋겠다고 생각했습니다.

왜냐하면 저 또한 대학병원에서 근무했을 당시에는 '항암제가 암에 효과가 있다'고 배웠기 때문입니다. 그리고 '암이 말기에 이르면 고통을 받으며 죽는 것 외에는 달리 방법이 없다'고 생각했습니다. 우에마쓰 씨가 의사로 한창 일하던 시절에는 '완화 케어'나 '호스피스'라는 개념이 없었습니다. 지난 일로 괴로워하는 그에게 말했습니다.

"그땐 다 그랬어요. 암 환자에게 항암제를 투여하는 게 가장 적합하고 좋은 치료법이라고 생각했었죠. 저도 그랬고요. 그런데 항암치료를 했던 의사가 자신이 암 환자가 돼서 재택 호스피스 완화 케어를 선택한다면 지금 항암제로 고통받고 있는 환자들에게 용기를 주지 않을까요? 과거의 환자들에게는 고통을 안겨줬을지 모르지만 미래의 환자들에게는 희망이 될 수 있습니다. 고통에서 벗어나게 할 수 있어요."

제 이야기를 다 듣고도 말없이 고개만 끄덕였습니다. 그 모습을 보고 그의 닫힌 마음을 열기 위해서는 일상적인 대화를 나누는 것부터 시작해야겠다고 생각했습니다.

"우에마쓰 선생님은 젊었을 때의 취미가 뭐였나요?"

"전, 낚시를 좋아했어요. 씨은어(낚싯줄에 매어 다른 은어를 꾀는 살아 있는 은어_옮긴이)를 이용해 은어 낚시를 할 때가 제일 재미있었죠."

"펄떡펄떡 뛰는 은어를 몇 마리나 잡으셨나요? 한 열 마리 정도?"

"에이, 무슨 소리예요. 양동이 한 가득 잡았습니다. 한잔할 때 술안주로 딱 좋죠."

"어떤 술을 즐겨 드세요?"

"당연히 소주죠. 소주를 가장 즐겨 마십니다."

"그렇군요. 술을 좋아하신다면 맘껏 드세요. 죽으면 못 드시잖아요."

이런 대화를 이어가던 어느 날, 그가 이렇게 물었습니다.

"재택 호스피스 완화 케어를 받는다면 정말 소주를 마실 수 있나요?"

"물론이죠."

"술 생각이 간절하네요. 오가사와라 선생님, 우리 술 한잔할까요?"

과거를 극복한 그가 항암치료를 중단하기로 결심함과 동시에 재택 호스피스 완화 케어를 받아들인 순간이었습니다. 둘의 대화를 듣던 부인이 기쁜 듯이 말했습니다.

"선생님, 남편이 젊었을 때는 집에 있는 날이 거의 없었어요."

"그래요? 일 때문인가요? 아니면 놀러 다니느라 바빠서인가요?"

"당연히 일 때문이죠."

그의 한 마디로 집 안 분위기가 한결 밝아진 듯했습니다.

그 후로는 방문 진료를 갈 때마다 그와 소주를 마셨습니다.

"병원에 있었다면 술은 입에도 못 대겠죠."

"그럼요, 당연하죠. 저도 환자와 같이 술을 마시리라고는 생각도 못했습니다. 집이라서 술도 마시고 부인께서 만들어주신 안주도 맛있게 먹을 수 있는 겁니다."

"하하하, 지당하신 말씀. 역시 집이 좋군요."

과거의 고통에서 헤어나지 못하던 우에마쓰 씨가 한 사람의 암 환자로서 좋아하는 술을 마시며 행복하게 지내는 모습을 보면서 의사로서 보람을 느꼈습니다.

모르핀 투여와 심리치료를 통해 통증에서 벗어난 그는 술을 즐기는 것은 물론 집 근처 번화가로 외출도 다니면서 남은 삶을 활기차게 보냈습니다.

어느 날, 그가 갑자기 이런 말을 했습니다.

"통증이 몰려올 때 소주를 쭉 들이키면 통증이 싹 가십니다."

"네? 뭐라고요? 모르핀이 아니라 술로 통증을 잊으신다고요?"

저는 깜짝 놀랐습니다.

"매일 두 병씩 마시고 있어요."

"좋아하는 술도 드시고 통증도 사라지고 최고네요."

대화를 나눈 후 모르핀 투여를 중지했습니다. 좋아하는 소주를 마실 수 있다는 충족감이 눈에 보이지 않는 신비한 효과를 불러일으킨 것입니다. 우에마쓰 씨는 그 후에도 좋아하는 술을 마시며 행복하게 살다가 평온한 임종을 맞이했습니다. 수많은 환자의 마지막을 본 의사가 재택 호스피스 완화 케어를 선택했다는 사실을 항암제로 고통받는 암 환자들에게 알리고 싶은 마음에서 이 사례를 소개했습니다. 그의 투병기는 지금도 항암치료로 힘들어하는 환자들에게 전하는 희망의 메시지라고 생각합니다.

지금 이 순간이
가장 행복하다

●

이토 치에(70세 여성)

병명: 자궁평활근육종, 장폐색

가족: 남편과 둘이 산다(낮에는 간병인 없이 혼자 지낸다)

●

이번 사례에서는 재택 호스피스 완화 케어에서 가장 중요하다고 생각하는 네 가지 키워드를 설명하겠습니다.

① 머물 곳이 정해지면 마음을 정할 수 있다

어느 날, 이토 씨가 남편과 함께 병원을 찾아왔습니다.

"선생님, 장이 곧 막힐 것 같아요. 부드러운 음식을 먹고 있지만 가끔씩 복통이 몰려와 너무 괴롭습니다. 밤중에 통증이 심해지면 남편도 잠을 설치고…. 지금 다니는 병원은 야간 진료를 하지 않아서 선생님 병원으로 옮길까 하는데 이 병원에서는 24시간 대응해줄 수 있나요?"

"당연히 해야죠. 통증을 없애주는 진통제를 처방할 테니까 안심하세요."

불안감과 통증은 정비례하기 때문에 불안감이 클수록 통증은 심해지고 통증은 불안감을 증폭시킵니다. 그래서 환자들이 안심할 수 있게 하는 것이 무엇보다 중요합니다.

재택 호스피스 완화 케어를 시작한 그는 24시간 대응해주는 병원이 있다는 것에 안도의 한숨을 내쉬었습니다. 그리고 병원에 가지 않고 집에서 수혈을 받거나 통증을 완화해주는 마약성 진통제를 복용하면서 웃음을 되찾았습니다. 그런데 2개월이 지났을 무렵, 그의 장이 완전히 막혀 아무것도 먹지 못하고 구토만 하는 상태가 됐습니다.

늦은 밤, 방문 간호사에게서 전화가 걸려왔습니다.

"선생님, 이토 씨가 입원하고 싶다고 하시는데 괜찮을까요?"

놀란 저는 그에게 직접 이야기를 듣기 위해 전화를 바꿔달라고 했습니다.

"어떻게 된 거예요? 왜 입원하고 싶으신데요?"

"그게, 전에 다니던 병원에서 퇴원할 때 주치의 선생님이 장이 막히면 인공항문을 만들어야 하니까 입원하라고 했거든요. 게다가 가족한테 짐이 되고 싶지 않아서 호스피스 병동을 예약했는데 호스피스 병동 담당 선생님도 인공항문을 만든 후에 입원하라고 했기 때문에 인공항문을 만들어야 할 것 같아서요.”

“그렇군요. 근데 환자분의 장은 거대한 암 덩어리로 꽉 막혀 있어요. 지금 상태로는 수술도 불가능합니다. 인공항문은 장에 만드는데 그 장에 암이 퍼져서 인공항문을 만들어도 의미가 없어요.”

“그러고 보니, 호스피스 병동 담당 선생님이 인공항문을 만들지 말지 주치의 선생님하고 잘 상의해보라고 했었는데 이제야 그 말의 의미를 알 것 같네요. 선생님께서 그렇게 말씀하신다면 굳이 입원할 필요는 없겠군요. 실은 저도 병원에 가고 싶지 않아요. 하지만 제가 집에 있으면 가족이 걱정할 것 같아서 아이가 입원하라고 하면 그냥 입원할까 했던 거죠. 혹시 오가사와라 선생님께서 가족들에게 제 상태에 대해 설명해주실 수 있나요?”

“네, 그렇게 하죠. 자, 내일 저녁에 만나서 이야기해볼까요? 참, 이야기하기 전에 복부 사진부터 찍어봅시다. 배에 가스가 차 있다면 공기나 음식물이 지나갈 수 있는 길이 있다는 이야기니까 인공항문을 만들 수 있어요. 하지만 가스가 없다면 장 전체에 암이 퍼진 상태라고 봐야 하기 때문에 인공항문은 포기하는 게 좋습니다.”

다음 날 아침, 복부 방사선과 초음파 검사를 했습니다. 검사 결과는 예상했던 대로 인공항문을 만들어도 별 의미가 없다는 진단이 나왔습니다. 그날 밤 병원에 온 가족에게 그의 상태를 설명했습니다.

“선생님 말씀의 뜻은 알겠는데 그래도 입원하는 게 낫지 않을까요?”

이렇게 말하는 가족을 두 시간에 걸쳐서 설득했습니다. 그의 인생을 좌우하는 중요한 상황이라고 생각했기 때문에 쉽게 포기할 수 없었습니다.

"입원하면 어머님의 웃는 얼굴은 더 이상 볼 수 없습니다. 음식을 먹지 못하더라도 지금 이대로 집에 있는 것만으로도 충분히 만족하고 행복하실 거예요. 모르핀을 지속적으로 피하 주사하거나 장폐색에 특효약인 산도스타틴을 투여하면 통증 없이 지내실 수 있으니 아무 걱정 안 해도 됩니다."

처음에는 굳어 있던 가족들 표정이 점차 풀렸습니다. 오랜 설득 끝에 입원시키지 않겠다는 가족의 동의를 이끌어냈습니다. 다음 날, 어깨의 짐을 내려놓고 홀가분한 마음으로 왕진을 가자 이토 씨가 지금까지 한 번도 본 적 없는 환한 미소를 지으며 저를 반겨줬습니다. 그의 표정이 밝아진 이유는 무엇일까요?

저는 이렇게 생각합니다. 이토 씨는 퇴원 후 집에서 요양을 하면서도 마음속으로는 '장폐색이 일어나면 입원해야겠지', '인공항문을 만들면 호스피스 병동에 들어가자', '가족이 원하면 입원하자'라고 생각했습니다. 집에서 가족과 함께 지내며 행복을 느꼈지만 한편으로 언젠가는 이 행복이 깨질지도 모른다는 불안감을 안고 있었기에 마음을 놓을 수 없었던 것입니다.

그러나 생의 마지막 순간까지 집에서 가족과 함께 지낼 수 있다는 안도감과 행복감이 그의 얼굴에 환한 미소를 가져다준 것입니다. 집이 주는 행복감이 얼마나 큰 것인지 이 사례를 통해 알게 됐으리라 생각합니다.

② 자가통증조절장치는 생명줄

이토 씨는 여생을 집에서 보내는 것에 만족하면서도 통증이 잦아들지 않으면 호스피스 병동에 입원하겠다는 말을 자주 했습니다. 그래서 통증과 통증에 대한 불안감을 해소해주기 위해서 자가통증조절장치라는 '마법의 약 상자'를 사용하기로 했습니다.

자가통증조절장치는 24시간 약물을 투약할 수 있는 의료기기입니다. 통증이 있을 때 자가통증조절장치에 달려 있는 버튼을 누르면 1회분의 모르핀이 투여돼 통증이 완화됩니다. 참고로 1회분을 투여하면 약 4시간 정도 효과가 지속됩니다.

자가통증조절장치의 좋은 점은 통증이 있을 때마다 환자 스스로 버튼을 눌러 통증을 해소할 수 있다는 것입니다. '1일 투여 횟수'가 정해져 있지 않기 때문에 통증이 있으면 참지 말고 버튼만 누르면 됩니다. 자가통증조절장치라면 통증과 통증에 대한 불안감을 일거에 해소할 수 있습니다.

게다가 자가통증조절장치는 버튼을 한 번 누르면 15분 동안은 아무리 버튼을 눌러도 투약되지 않도록 설정할 수 있습니다. 설령 필요 이상으로 버튼을 눌렀다고 하더라도 졸거나 몇 시간 동안 잠을 잘 뿐이지 죽는 것은 아닙니다.

"자가통증조절장치는 제 생명줄이에요. 이것만 있다면 죽는 순간까지 집에서 가족과 함께 지낼 수 있습니다."

그는 늘 이렇게 말했습니다.

③ 지금이 가장 행복하다

세상을 떠나기 1주일 전, 이토 씨가 시 한 편을 읊어줬습니다.

부엌에서 나는 밥 짓는 냄새를 맡으면 심신의 고통이 어느새 사라집니다. 온 가족이 모여 앉아 밥 먹는 모습을 보는 지금 이 순간이 가장 행복합니다.
이곳이 천국이요, 이곳이 극락입니다.
이제 그만 가도 된다고 한다면 이대로 떠나도 좋지만, 가족들 곁에 더 있으라고 한다면 그것만큼 좋은 건 없겠지요.

시를 읊으며 잡아준 손이 참 따뜻했습니다.
장폐색을 앓는 환자는 장이 완전히 막혀 있기 때문에 음식을 먹을 수 없습니다. 그렇기 때문에 환자 앞에서는 음식에 대한 이야기를 해서는 안 됩니다. 그런데 그는 '본인은 먹을 수 없더라도 가족의 밥 먹는 모습을 보면서 가족과 같은 공간에 있다는 것을 느낄 수 있어서 행복하다'고 말한 것입니다.
그는 생의 마지막 순간까지 웃음을 잃지 않고 살다가 머나먼 여행을 떠났습니다.

④ 평온하고 행복하게

이토 씨가 세상을 떠난 후 그가 읊어줬던 시를 토털 헬스 플래너

(Total Health Planner, 68페이지 참조)가 가족에게 들려주자 큰아들이 이렇게 물었습니다.

"오가사와라 내과의 이념은 사람은 언젠가 반드시 죽기 때문에 고통스럽게 살기보다는 재택 호스피스 완화 케어를 받으며 행복하게 살다가 평온하게 죽음을 맞이하자는 것이군요. 엄마는 늘 여기가 극락이라고 말했었는데 부처님처럼 마음이 맑아져 깨달음을 얻었던 것일까요?"

"글쎄요. 새가 지저귀고 아름다운 꽃이 피는 곳이 극락이고 거짓말을 하거나 남을 시샘하는 번뇌로부터 자유로워지고 마음이 맑아지는 곳이 바로 극락이 아닐까요? 어머님께서는 좋은 곳으로 가셨을 거예요."

제 대답을 들은 그의 아들이 기쁜 듯이 웃으며 말했습니다.

"선생님, 고맙습니다."

본인이 원하는 곳에서 살아갈 수 있다면 그곳이 곧 극락입니다. 그리고 극락에 있다고 생각하는 순간부터 고통은 사라지고 마음은 평온해져 지금이 가장 행복하다고 생각하며 살다가 잠자듯 평온하게 죽음을 맞이할 수 있는 것이 아닐까요?

자신이 원하는 죽음, 만족하는 죽음, 납득하는 죽음이란 우리의 삶 속에 잠재해 있습니다. 이토 씨의 죽음은 재택 호스피스 완화 케어가 평온하고 행복한 죽음을 실현할 수 있다는 것과 그런 죽음을 맞이한 이의 남겨진 가족 또한 홀가분한 마음으로 사랑하는 이를 떠나보낼 수 있다는 것을 가르쳐줬습니다.

2장

•
•

시한부 선고를
뒤집은
사람들

퇴원하면 5일 선고,
5년째 여전히 살아가고 있다

●

오노 유코(72세 여성)

병명: 자궁암, 양쪽 폐와 복부에 물이 참(남은 수명 1개월)

가족: 시각장애가 있는 아들과 같이 산다

●

의사로부터 퇴원하면 닷새밖에 살지 못한다는 말을 들은 오노 씨가 퇴원한 지 5년이 지난 지금도 건강하게 살 수 있는 이유는 무엇일까요?

2012년 1월, 그의 여동생 부부가 병원을 찾아왔습니다.

"언니가 지금 병원에 입원 중인데요. 주치의 선생님에게 퇴원시켜 달라고 한 모양이에요. 그런데 의사 선생님이 계속 병원에 있으면 한 달을 살고 퇴원하면 닷새밖에 살지 못한다고 하면서 퇴원은 안 된다고 했대요. 언니는 그래도 상관없으니 시각장애를 가진 아들이 기다리는 집으로 가게 해달라고 애원했는데 주치의 선생님은 자동흡입기를 두 대나 사용해서 매일 양쪽 폐에서 600밀리리터씩 물을 빼고 있는 상태이기 때문에 절대로 안 된다며 거부했다고 하네요. 오가사와라 선생님, 무슨 좋은 방법이 없을까요?"

"글쎄요. 시각장애를 가진 아들이 기다린다고 생각하면 입원하고 있어도 마음이 편치는 않으시겠네요. 그런 마음으로 병원에 계시면 스트레스만 받으니 차라리 퇴원하시는 게 나을 것 같네요. 주치의 선생님에게 다시 부탁해보면 어떨까요?"

그로부터 얼마 지나지 않아 그의 여동생이 재차 병원을 방문했습니다.

"선생님 이야기를 했더니 주치의 선생님도 퇴원할 수 있도록 노력해보겠다고 했는데 아직도 퇴원 허가가 떨어지질 않네요. 선생님께서 말씀해주시면 안 될까요?"

환자 본인이 퇴원을 원하는데도 퇴원을 못 하게 하는 이유는 무엇일까요? 병원 입장에서는 언제 죽을지도 모르는 환자를 퇴원시키기는 어렵습니다. 왜냐하면 병원에는 환자의 목숨을 구해야 한다는 책임감과 사명감이 있기 때문입니다. 병원에 있는 편이 오래 살 수 있다고 판단되면 아무리 환자가 원하더라도 퇴원을 시킬지 말지 망설이게 되는 것은 당연합니다.

여동생이 다시 병원을 찾은 날 저녁에 의사 세 명, 토털 헬스 플래너, 방문 간호사 두 명, 케어 매니저(요양서비스를 계획하고 관리하는 전문가_

옮긴이) 등 오가사와라 내과의 의료진 일곱 명이 오노 씨의 주치의를 만나러 갔습니다.

"선생님, 환자분은 퇴원을 간절히 바라고 계세요. 설령 닷새밖에 살지 못하더라도 아들이 있는 집에서 죽고 싶다고 하시니 퇴원 허가를 내려주시죠?"

처음에는 몇 번이고 부탁해도 퇴원은 절대로 안 된다고 버텼습니다. 하지만 집으로 돌아간 뒤 다시 입원하고 싶다고 말하면 그때는 다시 입원시키겠다고 끈질기게 부탁하며 머리를 조아리자 마침내 퇴원 허가가 떨어졌습니다. 오노 씨는 다음 날 아침 퇴원해 집으로 돌아갔습니다.

그러나 퇴원한 다음 날부터 그의 폐에 다량의 물이 차기 시작했습니다. 폐에 다량의 물이 차면 폐가 충분히 팽창하지 않아 호흡이 곤란해집니다.

입원 중에는 2,000밀리리터나 되는 고칼로리 수액을 투여해 영양분을 보충하던 그는 흉수로 인해 숨쉬기가 힘들어지고 식사도 못 하는 상태였습니다. 그의 온몸이 땡땡하게 붓고 산소를 주입해도 호흡하기가 힘들어 스스로 걷지도 못했습니다. 이대로 놔두면 정말 닷새밖에 살지 못할지도 몰라 특단의 조치를 내렸습니다.

"고칼로리 수액의 주입량을 줄이도록 하죠. 그러는 편이 편해지실 거예요."

2,000밀리리터나 주입하던 고칼로리 수액을 집으로 돌아와서는

400밀리리터로 줄였습니다.

입으로 음식물을 섭취할 수 없는데 고칼로리 수액을 줄여도 될까 하고 생각하는 사람이 많겠지만 당연히 줄여도 됩니다. 오히려 반드시 줄여야 합니다.

병원 치료의 궁극적인 목적은 환자의 건강을 되찾아 수명을 연장시키는 것입니다. 그렇기 때문에 한 달밖에 살지 못하는 그에게도 건강한 사람에게 필요한 칼로리와 수분량을 투여한 것입니다.

게다가 그는 입원 중에 매일 폐에서 1,200밀리리터 정도의 물을 뺐기 때문에 자칫하면 수분 부족으로 사망할지도 모른다고 생각해 죽을 힘을 다해 1,000밀리리터나 되는 물을 마셨다고 합니다. 수분이 부족하기는커녕 지나친 수분 섭취로 인해 온몸이 부어 있었습니다.

재택 호스피스 완화 케어를 통해 수분을 5분의 1로, 칼로리를 10분의 1로 줄이자 입으로 음식물을 섭취할 수 있게 됐습니다. 온몸의 붓기가 빠져 호흡이 한결 편해지자 잃었던 웃음도 되찾았습니다.

무엇보다 아들과 함께 있다는 안도감이 그의 마음을 홀가분하게 해줘 퇴원 후 닷새가 지났을 무렵에는 어느 정도 기력이 회복됐습니다. 한 달 후에는 마당에서 햇볕을 쬐며 산책을 할 수 있게 됐고 두 달 후에는 놀랍게도 밭일도 할 수 있게 됐습니다.

퇴원한 지 4년 10개월이 지난 2016년, 오가사와라 내과에서 주최한 크리스마스 파티에 참석한 오노 씨는 너무나도 활기차 보였습니다. 종양표지자 검사인 CA125 수치를 측정해보자 재택 호스피스 완화 케어를 막 시작했을 때 측정한 수치인 2,040유닛 퍼 밀리리터(U/ml)에서 9로 떨어져 정상 범위 내에 들었습니다.

"저 세상으로 갔다면 여기서 이렇게 웃고 있진 못하겠죠. 살아 있는 것만으로도 너무 행복합니다."

그는 이렇게 말하고는 자신이 만든 음식을 파티에 참석한 사람들에게 나눠주며 즐거운 시간을 보냈습니다.

오노 씨, 이번 크리스마스에도 웃는 얼굴로 만나요.

활기찬 생활로
꺼져가는 생명을 되살리다

●

히라이 유스케(88세 남성)

병명: 악성림프종, 좌측 대퇴골에 병적 골절 발생(남은 수명 6개월)

가족: 아내, 아들과 같이 산다

●

"마치 꿈을 꾸고 있는 것 같습니다."

제가 왕진을 갈 때마다 히라이 씨는 이렇게 말합니다.

10년 전 그는 허리 통증의 원인을 찾고자 병원에서 검사를 한 결과 악성림프종에 의한 병적 골절이라는 진단을 받았습니다. 병원에 입원해 항암치료를 받자 증세가 조금씩 호전됐습니다. 그러던 어느 날 주치의로부터 이런 말을 들었습니다.

"항암제를 최대치까지 사용했기 때문에 더 이상의 치료는 불가능합니다. 병세도 호전된 것 같으니 오늘 퇴원하도록 하죠."

퇴원 결정이 내려졌던 날 간호사에게서 이런 말도 들었다고 합니다.

"히라이 씨, 반년 정도 지나서 고열이 날 수도 있으니 그땐 너무 걱정하시 마시고 바로 병원으로 오세요."

간호사의 말이 비수가 돼 그의 가슴에 꽂혔습니다. 왜냐하면 그에게는 이렇게 들렸기 때문입니다.

"퇴원 후 다시 열이 난다면 그때는 희망이 없습니다. 그러니 걱정하지 말고 입원하세요."

악성림프종이 악화되면 열이 난다는 것을 알고 있던 그는 간호사의 말에 강한 충격을 받았던 것입니다. 그는 간호사에게서 들은 말이 아직도 잊히지 않는다며 제 앞에서 눈물을 흘린 적도 있습니다.

발열 증상이 나타나면 죽을지도 모른다는 불안감을 안은 채 퇴원한 그는 오가사와라 내과에서 시행하는 재택 호스피스 완화 케어를 받았습니다. 상태가 조금씩 호전돼 휠체어를 탈 수 있을 정도가 되자 집에서 자신이 좋아하는 일을 하며 평온한 나날을 보냈습니다.

그런데 퇴원한 지 5개월 정도 지났을 무렵, 40도 가까운 고열에 시달리게 되자 간호사가 했던 말이 머릿속을 떠나지 않았습니다. 죽음이 코앞으로 다가왔다고 생각한 히라이 씨 부부는 어떻게 해야 할지 몰라 당황하다가 근처에 사는 딸을 급히 불렀습니다. 병원으로도 연락이 와서 그의 집을 찾아가자 그는 붉어진 얼굴로 호흡을 거칠게 내쉬며 괴로운 듯 잠을 자고 있었습니다. 함께 있던 부인과 딸은 망연자실한 표정으로 눈물을 흘리고 있었습니다. 그는 떨리는 목소리로 이렇게 말했습니다.

"결국 열이 나고 말았네요. 아직 5개월밖에 지나지 않았는데…. 이대로 죽는 건가요?"

"열이 나긴 했지만 괜찮습니다. 열이 난다는 건 살아 있다는 증거니까 걱정할 필요 없습니다. 열이 나더라도 당황하거나 놀라지 마시고 해열 좌약을 사용하도록 하세요. 그러면 열이 내려갈 거예요. 열이 내려가면 좋아하는 맥주를 맘껏 드셔도 됩니다. 입원하시면 못 드시잖아요. 입원하고 싶으실 때는 언제든 입원하면 되니까 우선은 열부터 내리도록 하죠."

그의 손을 꼭 잡고 천천히 이야기하자 겨우 안정을 되찾은 그는 이렇게 말했습니다.

"듣고 보니 그러네요. 입원하면 맥주를 못 마시겠군요. 열을 빨리 내려야겠네요."

"히라이 씨, 몸을 따뜻하게 하고 숙면을 취하도록 하세요. 그리고 하루하루를 즐겁게 보내도록 하세요. 그러면 면역력이 높아지기 때문에 오래 사실 수 있을지도 모릅니다."

이렇게 말하며 불안에 떠는 그를 위로했습니다.

그러나 약을 먹으면 열이 잠시 내렸다가 다시 오르기를 반복했습니다. 그는 고열이 날 때마다 해열 좌약을 사용해 열을 떨어뜨렸습니다. 처음에는 수시로 오르락내리락하던 열이 사흘에 한 번, 1주일에 한

번, 한 달에 한 번, 반년에 한 번꼴로 나기 시작했습니다.

열이 내려가면 좋아하는 맥주도 마시고 친구들과 바둑도 두며 즐거운 나날을 보냈습니다. 그의 활기찬 생활이 면역력을 높여줘 몸 상태가 호전된 것입니다.

어느 날 왕진을 나간 저에게 그가 이렇게 말했습니다.

"집에서 좋아하는 일을 하며 재미있게 살 수 있어서 정말 행복합니다. 마치 꿈을 꾸고 있는 듯해요."

퇴원 후에 다시 열이 나면 병원 침대에 누워 죽을 날만 기다려야 한다는 생각에 눈물을 흘렸던 히라이 씨는 올해로 퇴원한 지 10년이 됐습니다.

집에서 가족과 함께 즐겁게 지낼 수 있는 재택 호스피스 완화 케어가 꺼져가는 생명을 다시 살릴 수 있다는 것을 일깨워준 사례였습니다.

집에서 마지막을
맞이하고 싶다는 소망

●

기노시타 요코(78세 여성)

병명: 갑상선암, 뼈 전이(남은 수명 6개월)

가족: 딸과 같이 산다(낮에는 간병인 없이 혼자 지낸다)

●

말기라는 단어는 보통 6개월 이내의 시한부 선고를 받은 환자에게 사용합니다.

거동이 불편할 정도로 심한 통증에 시달리던 말기 암 환자가 2년이 지난 지금도 즐겁게 웃으며 살 수 있는 이유는 무엇일까요?

어느 날, 기노시타 씨의 딸에게서 전화 한 통을 받았습니다.

"엄마가 갑상선암을 앓고 계시는데 뼈로도 전이가 된 상태입니다. 암 진행이 너무 빨라서 극심한 통증에 시달리고 계세요. 게다가 거동이 불편해 거의 누워서만 지내세요. 산속에 집이 있어서 근처에 완화 케어를 해주는 의사 선생님이 없는데도 병원에 입원하느니 차라리 집에서 죽겠다고 하시는데 병원에 가지 않으셔도 될까요?"

저는 한 치의 망설임도 없이 이렇게 대답했습니다.

"네, 안 가셔도 됩니다. 집에 계셔도 괜찮으니 안심하세요. 우선 오늘은 어머님께 병원에 가지 않으셔도 된다고 전해주세요."

며칠 후 그의 딸이 직접 병원을 찾아왔습니다.

"선생님 말씀을 그대로 엄마한테 전했더니 엄청 좋아하셨어요. 그런데 신기하게도 그 말을 들은 이후로 점차 상태가 호전되고 있습니다. 이대로라면 오가사와라 내과에도 같이 오실 수 있을 것 같아요. 엄마도 선생님을 꼭 한번 뵙고 싶다고 하시니 좀 더 좋아지시면 같이 오겠습니다."

의학적인 치료 없이 전화 한 통만으로도 증세가 호전될 수 있다니 믿기지 않았습니다. 그런데 실제로 그런 일이 일어난 것입니다. 이번 사례의 가장 중요한 포인트이기 때문에 조금 더 설명하겠습니다.

앞서 언급한 대로 기노시타 씨의 소망은 '집에서 살다가 죽는 것'이었습니다. 그래서 그는 고통을 견디며 집에서 요양을 했습니다. 하지만 집에서 요양하는 것도 한계에 이르러 집 근처에 24시간 대응해주는 병원이 없는 산에서 생활하는 것이 더는 불가능하다는 생각에 절망감을 느꼈습니다. 그러자 면역력이 떨어짐과 동시에 일상생활 동작능력도 저하되는 악순환으로 이어졌습니다.

그런데 병원에 가지 않아도 된다는 의사의 말 한마디가 절망을 희망으로 바꾼 것입니다. 집에서 죽음을 맞을 수 있다는 희망이 건강을 되찾게 해줬습니다. 의학적인 치료는 전혀 하지 않았습니다. 생의 마지막 순간을 집에서 보낼 수 있도록 도와주겠다는 말을 전했을 뿐입니다. 하지만 그것이 환자에게는 최고의 약이 된 것입니다. 왜냐하면 집에서 죽음을 맞이하는 것이 그의 가장 큰 소망이었기 때문입니다.

주사나 수술과 같은 의학적인 치료가 질병에 효과적인 것은 사실입니다. 그러나 눈에 보이지 않는 생명을 다룰 때는 심리치료를 가벼이 여겨서는 안 됩니다. 의학적인 치료와 마찬가지로 매우 효과적인 치료법입니다. 그래서 심리치료를 받은 환자는 밝고 명랑해지는 것입니다. 마음을 치유하는 데는 전혀 돈이 들지 않습니다.

다시 기노시타 씨의 이야기로 돌아오면 딸에게서 전화를 받은 지 2개월쯤 지났을 무렵 그가 심한 통증으로 괴로워하며 병원을 찾아왔습니다.

"선생님, 정말 병원이 아닌 집에서 죽을 수 있나요?"

제 얼굴을 보자마자 이렇게 묻는 그에게 대답했습니다.

"그럼요. 집에서 생을 마감하실 수 있도록 도와드릴게요. 환자분 집에서 그리 멀지 않은 곳에 제가 아는 의사가 있으니 왕진을 가도록 부탁하겠습니다. 저도 같이 도울 테니까 걱정하지 마세요. 환자분 집이 산속에 있는 걸 보면 산을 많이 좋아하시나 봐요. 살아 계시는 동안 산의 공기를 맘껏 마시도록 하세요."

제 대답을 듣고 그는 매우 기뻐했습니다.

"기노시타 씨, 멀리서 힘들게 찾아오셨으니 조메타주사액(Zometa injection)을 놔드릴게요. 통증이 많이 줄어들 거예요. 조메타주사액은 한 달에 한 번만 맞으시면 됩니다."

그는 조메타주사액을 맞은 후 50킬로미터나 떨어진 집으로 돌아갔습니다. 그로부터 한 달 후 다시 병원을 찾아왔습니다.

"선생님 덕분에 통증이 많이 줄었습니다. 오늘도 주사액을 맞을 수 있을까요?"

집에서 생을 마감할 수 있다는 데에 안도감을 느끼고 한 달에 한 번 맞는 조메타주사액으로 통증이 완화되자 점점 상태가 호전됐습니다. 의사의 도움이 필요할 때나 응급 상황이 발생했을 때 왕진을 부탁한 의사와 만나기 위해 처음으로 그의 집을 방문했습니다.

"산속 공기가 너무 신선하네요. 이런 곳에서 살면 몸이 절로 건강해질 것 같은데요."

이렇게 말하며 창문 쪽으로 다가가니 야생 원숭이가 방 안을 들여다보고 있었습니다. 놀란 마음도 잠시, 반갑게 맞아준 원숭이에게 과자를 주려고 하는데 등 뒤에서 기노시타 씨의 화난 목소리를 들려왔습니다.

"선생님, 원숭이한테 과자 주지 마세요. 한번 주면 계속 오기 때문에 절대 주면 안 돼요."

재택 호스피스 완화 케어를 시작하고 반년 정도 지났을 무렵, 제가 고정으로 출연하고 있는 라디오 프로그램에 기노시타 씨가 나와 자신의 투병기를 들려줬습니다. 거동이 불편해 누워만 지내던 그가 집에서 죽고 싶다며 병원을 찾아온 지 2년 반이 지난 지금은 조메타주사액이 필요 없을 만큼 상태가 호전돼 약만 처방하고 있으며 여전히 산에서 건강하게 살고 있습니다.

병원과 집,
어느 쪽이 더 외로울까?

●

안도 토모미(87세 여성)

병명: 대장암(남은 수명 1~2개월)

가족: 아들과 같이 산다(낮에는 간병인 없이 혼자 지낸다)

●

"앞으로 남은 시간이 한두 달밖에 없습니다."

의사로부터 시한부 선고를 받은 안도 씨는 집으로 돌아가길 원했습니다. 그런데 결혼한 딸들 사이에 의견이 엇갈려 퇴원할 수 없었습니다. 시한부 선고를 받은 지 한 달이 채 되지도 않았는데 그는 거의 죽어가고 있었습니다. 그는 딸들에게 다 죽어가는 목소리로 집에 가고 싶다고 애원했습니다. 세 자매는 엄마의 마지막 소원을 들어주기 위해 퇴원시키기로 결정했습니다.

혼자서는 거동조차 할 수 없는 상태에서 퇴원한 지 3개월 만에 놀랍게도 그는 카페에 갈 수 있을 정도로 건강해졌습니다. 죽음의 문턱까지 갔던 그가 어떻게 다시 건강을 되찾을 수 있었는지 궁금하지 않나요? 그의 집으로 왕진을 갔을 때 그에게 물었습니다.

　　"어떻게 이렇게 건강해지셨어요?"

　　"집으로 돌아올 수 있어서 얼마나 좋은지 몰라요. 의사 선생님하고 간호사분들이 친절하게 대해주시긴 하지만 병원에서는 마음을 나눌 수 있는 사람이 없어서 많이 외로웠거든요. 사람은 많은데 외로워서 죽을 것 같더라고요. 그런데 퇴원하고 집에 돌아오니 간호사분들하고 요양보호사분들, 그리고 세 딸들이 매일 번갈아가며 찾아와 1시간 정도 대화를 나누다 가기 때문에 외로울 새가 없습니다. 밤에는 내일은 누가 올까 하는 기대감을 안고 잠자리에 들고, 아침에 일어나서는 오늘은 누가 올까 하는 기대감으로 하루를 시작하는 것만으로도 마음이 따뜻해지고 행복합니다. 하루하루를 기대하며 살다 보니 혼자서 외출할 수 있을 정도로 건강해진 것 같아요."

　　시한부 한 달을 선고받은 안도 씨는 재택 호스피스 완화 케어를 만끽하고 있었던 것입니다. 병원에는 응급 상황에 대처할 수 있는 의료진이 다수 포진돼 있기 때문에 환자에게 안심감을 줍니다. 하지만 환자 한 사람 한 사람을 세심히 살필 수 있는 시간이 없는 것이 현재의 실정입니다. 그래서 사람이 많은데도 외로움을 느꼈고 그 때문에 면역력이 떨어졌을지도 모릅니다.

그러나 재택 호스피스 완화 케어라면 자신이 원하는 곳에서 남은 생을 보낼 수 있을뿐더러 통증을 해소하고 마음을 치유함으로써 면역력과 삶의 질을 높일 수 있습니다. 때문에 웃는 얼굴로 즐겁게 생활할 수 있는 것입니다. 하지만 카페에 갈 수 있을 정도로 몸이 호전되었다고 해서 암이 완치된 것은 아닙니다. 퇴원 후 1년이 지나자 뼈와 방광까지 암이 전이돼 통증이 심해졌습니다.

암 환자에게 가장 고통스러운 것이 무엇이냐고 물으면 통증이라고 대답하는 사람이 많습니다. 그렇기 때문에 평온하게 지내기 위해서는 통증을 해소하는 것이 무엇보다 중요합니다. 모르핀은 통증을 완화해 줄 뿐만 아니라 적절히 사용하면 연명 효과도 볼 수 있습니다.

그에게는 경구용 모르핀을 처방했는데 여기서 문제가 발생했습니다. 통증이 사라지자 본인이 환자라는 사실을 잊은 것인지 아니면 완치됐다고 착각한 것인지 자기 전에 약 먹는 것을 잊곤 했습니다. 어쩌면 당연한 일이겠지만 약을 끊자 통증이 재발했습니다. 모르핀을 복용한 후 통증이 완화되자 암이 완치됐다는 착각에 빠져 모르핀을 복용하지 않는 날이 많아졌고 그에 따라 통증이 재발한 것입니다. 아주 단순한 원리입니다. 모르핀을 복용하지 않는 날이 많아지다 보니 한밤중에 통증을 호소하는 날도 많아졌습니다. 통증으로 괴로워하는 안도 씨에게 그의 아들이 이렇게 말했습니다.

"엄마, 그렇게 아프면 병원에 가자."

모르핀을 꾸준히 복용하지 않은 것이 통증의 원인이라는 사실을 모르는 아들의 반응은 지극히 당연한 것이었습니다. 병원에 입원한 그는 한 달 후 생을 마감했습니다. 외로움이 그의 죽음을 앞당긴 것 같아 너무나도 안타까웠습니다.

안도 씨의 사례는 병원이 얼마나 외로운 곳인지를 일깨워줬습니다. 삶이 얼마 남지 않은 환자가 집으로 돌아가서 1년 8개월이나 행복하게 살 수 있었던 이유는, 어쩌면 자신이 원하는 곳에서 살아가는 것만으로도 마음이 편안해졌기 때문일지도 모릅니다.

미소 지으며 건넬 수 있었던
마지막 인사

●

곤도 다이조(66세 남성)

병명: 폐암, 뇌 전이, 간질성 폐렴(남은 수명 수일)

가족: 허리가 안 좋은 아내와 둘이 산다

●

이번에는 《누구나 혼자인 시대의 죽음》의 저자로 잘 알려진 일본의 사회학자 우에노 치즈코(上野 千鶴子) 씨에게 경이로움을 안겨준 사례를 소개하겠습니다.

2009년 1월 21일 밤의 일이었습니다. 곤도 씨의 부인이 병원에 찾아와 다짜고짜 이렇게 물었습니다.

"살날이 얼마 남지 않은 남편이 퇴원시켜달라고 하는데 제가 허리가 안 좋아서요. 몸무게가 80킬로그램이나 되는 남편을 돌보는 건 좀

67

힘들 것 같아요. 담당 간호사에게 이런 사정 이야기를 했더니 오가사와라 내과에 가보라고 하더라고요. 남편을 퇴원시켜도 될까요?"

"그럼요, 되고말고요. 혼자 사시는 분들도 집에서 생을 마감하시는 걸요. 부인께서는 잘 잤냐는 아침인사와 잘 자라는 저녁인사만 하시면 됩니다. 그리고 혹시 무슨 일이 생기면 간호사한테 바로 연락만 해주시면 돼요. 나머지는 저희가 알아서 다 해드릴게요."

부인은 깜짝 놀란 듯 눈을 크게 뜨고 물었습니다.

"정말인가요? 알겠습니다. 바로 퇴원 수속을 밟도록 할게요."

곤도 씨는 이틀 후에 퇴원했습니다.

처음으로 왕진을 간 날, 그의 부인은 다소 상기된 목소리로 이렇게 말했습니다.

"선생님, 남편이 퇴원하고 집으로 돌아오더니 완전히 다른 사람이 됐어요. 눈에 생기가 돌아왔어요!"

그는 기쁜 듯이 말하는 부인을 바라보면서 멋쩍은 듯 웃고 있었습니다. 두 사람의 화목한 모습을 담아야겠다는 생각에 이렇게 말했습니다.

"다행입니다. 두 분의 행복한 모습을 보니 절로 기분이 좋아지네요. 우리 사진 한 장 찍읍시다."

그 자리에 있던 토털 헬스 플래너와 케어 매니저도 같이 사진을 찍었습니다.

여기서 잠깐 토털 헬스 플래너에 대해 설명하겠습니다. 재택의료

현장에서는 의사, 간호사, 요양보호사 등의 다양한 직종이 유기적으로 움직여야 합니다. 토털 헬스 플래너는 다양한 직종 간의 협업이 원활하게 이루어지도록 관리하는 사람입니다. 다양한 직종 간의 수평적인 협업이 잘 이루어져야 제대로 된 재택의료서비스를 제공할 수 있기 때문에 토털 헬스 플래너는 매우 중요한 역할을 담당합니다.

다시 곤도 씨의 이야기로 돌아오면 그가 재택 호스피스 완화 케어를 받기 시작한 지 한 달 반쯤 지났을 무렵 갑자기 혈압이 60수은주밀리미터(mmHg) 이하로까지 떨어졌습니다. 일반적으로는 혈압이 60 이하가 되면 소변이 잘 나오지 않습니다. 소변이 나오지 않게 되면 남은 날이 짧으면 사흘, 길면 1주일 정도입니다.

"마음의 준비를 하셔야 할 것 같습니다."

방문 간호사가 그의 부인에게 '이별 안내서'(28페이지 참조)를 건네며 이렇게 말했습니다.

며칠 후 오가사와라 내과를 시찰하러 온 우에노 치즈코 씨와 함께 그의 집을 찾아갔습니다. 그의 혈압이 40까지 떨어져 있었습니다.

"혈압이 40까지 떨어졌네요. 오늘을 넘기기 힘드실 것 같습니다. 근데 제가 오후에는 병원에서 진료를 봐야 해서 병원으로 돌아가야 하거든요. 환자분이 돌아가시면 바로 연락주세요."

"선생님, 안 오셔도 돼요. 다른 환자분들도 돌보셔야죠."

아무 말 없이 둘의 대화를 듣고 있던 우에노 씨가 오른손 주먹으로 왼손 손바닥을 두드리며 말했습니다.

"설마 했는데 진짜 그렇게 말씀하시네요."

깜짝 놀란 제가 무슨 뜻이냐고 물었더니 흥분한 어투로 대답했습니다.

"아니, 소중한 남편이 저 세상으로 떠났는데 의사보고 안 와도 된다고 말하는 사람이 있다는 게 믿기지 않아서요."

"아침 회의 시간에 제가 그렇게 말씀드렸는데 못 들으셨어요?"

"듣긴 했는데 선생님께서 과장해서 말씀하시는 줄 알았어요."

어이가 없었지만 다시 설명하는 수밖에 없었습니다.

"잠깐만요. 저는 죽음이 임박한 환자분들에게는 언제든 부르면 오겠다고 말씀드립니다. 그런데 환자분들 가족이 오지 않아도 된다고 하시는 거예요. 그래서 다음 날 아침 외래를 시작하기 전에 집으로 찾아가는 겁니다. 물론 환자분이 고통을 호소한다면 바로 달려가야겠지만 평온하게 돌아가신 분에게는 의사가 필요하지 않습니다."

"소중한 가족이 떠났는데 의사한테 안 와도 된다고 말한다니 정말 믿기지가 않았어요. 선생님을 못 믿는 것이 아닙니다. 저는 사회학자라서 강자나 권력자의 의견뿐만 아니라 약자나 당사자의 의견도 들은 후에 두 집단의 의견이 일치했을 때만 믿습니다. 그렇기 때문에 선생님의 말씀을 곧이곧대로 믿을 수는 없었어요. 하지만 제 귀로 직접 들었으니 이젠 선생님에 대한 의심을 거두겠습니다."

우에노 씨는 덧붙여 이렇게 조언했습니다.

"하지만 이런 이상한 이야기를 믿는 사람은 아무도 없을 거예요. 시간을 들여 차분히 설명하지 않으면 허풍이라고 생각하는 사람도 많을 겁니다."

환자의 상태가 갑자기 악화됐을 때나 사망했을 때는 당연히 의사를 불러야 한다고 생각하는 사람이 많을 것입니다. 하지만 그렇지 않습니다. '임종이 다가왔음을 알리는 신호'(184페이지 참조)에 기술돼 있는 것처럼 죽음에 이르는 과정을 알고 있고, 환자가 고통을 호소하지 않는다면 의사의 도움이 필요 없기 때문에 가족 곁에서 편안히 떠나면 됩니다. 다만 환자가 괴로워할 때는 구급차가 아니라 방문 간호사를 부르면 됩니다.

삶이 얼마 남지 않았던 곤도 씨는 약 2개월 동안 부인의 아침인사와 저녁인사를 들으면서 행복하게 살다가 저와 우에노 씨가 그의 집을 방문한 날 저녁에 평온한 죽음을 맞이했습니다.

고인의 몸을 깨끗이 닦아주는 염습은 비통한 얼굴을 하고 묵묵히 진행하는 것이 일반적입니다. 하지만 고인이 된 그를 염습할 때의 분위기는 완전히 달랐습니다. 방문 간호사가 웃음 띤 얼굴로 염습하는 모습을 지켜보며 남편에게 마지막 인사를 하는 부인도 살며시 미소 짓고 있었습니다. 염습은 소중한 사람의 죽음을 받아들이는 과정 중 하나입니다. 웃는 얼굴로 염습을 진행했다는 것은 남겨진 가족이 미소 지으며 떠나보낼 수 있는 죽음을 맞이했다는 증거가 아닐까요?

그가 마지막 순간까지 집에서 평온하게 지낼 수 있었던 것은 오가사와라 내과를 소개해준 간호사 덕분이었습니다. 만약 간호사가 병원

을 나가면 곧 세상을 떠날지도 모르는데다가 허리가 안 좋은 부인이
24시간 환자를 돌보기는 어렵기 때문에 퇴원은 불가하다고 했다면 그
는 집으로 돌아올 수 없었을 것입니다. 간호사는 오가사와라 내과에서
시행하는 재택 호스피스 완화 케어라면 가족이 직접 병시중을 들지 않
아도 된다는 사실을 알고 있었기에 자신 있게 재택 호스피스 완화 케
어를 추천할 수 있었을 것입니다.

병원에서 일하는 간호사들 중에는 재택 호스피스 완화 케어의 실
정을 모르는 사람이 많은 것도 사실입니다. 퇴원을 막는 의사도 있습
니다.

환자나 가족들은 의사보다는 자주 얼굴을 마주하는 간호사와 상담
하는 것이 편할 것입니다. 더 많은 간호사가 재택 호스피스 완화 케어
의 실태에 대해 올바로 이해하는 것이 집으로 돌아가길 원하는 환자들
의 소망을 이뤄주는 첫걸음이라고 생각합니다.

집만큼
마음 편한 곳은 없다

●

기타무라 마사오(59세 남성)

병명: 대장암, 경추 전이, 골반 내 전이, 두 개의 인공항문을 달았음(남은 수명 3개월)

가족: 아내, 아이들과 같이 산다

●

이번에는 2008년에 제가 10년 이상 고정 출연하고 있는 기후 지역 방송국의 한 라디오 프로그램에 기타무라 씨가 출연해 들려준 자신의 투병기를 소개합니다.

　제가 병원에 있을 땐 할 수 있는 일이라곤 아무것도 없었어요. 하루 종일 천장만 뚫어져라 쳐다봤습니다.
　지금은 통증이 심해지면 스스로 해결할 수 있지만 병원에 있을 땐 진통제를 처방받는 것도 쉽지 않았어요. 마약성 진통제의 경우에는 하루 투여 횟수가 정해져 있기 때문에 통증을 호소해도 처방해주지 않을 때도 있었고요. 진통제를 처방받지 못하면 통증에 시달려야 했기 때문에 되도록 움직이지 않으려고 했습니다. 그래서 병원에 있을 땐 옷도 혼자서 못 갈아입고 용변 후 뒤처리도 남한테 맡겨야 했습니다. 식사도 못 하는 상태였기에 삶이 얼마 남지 않았다고 생각했어요. 죽음이 코앞에 왔다고 느꼈을 때 의사 선생님이 이렇게 말하더군요.

"기타무라 씨, 이제 슬슬 퇴원 준비를 해야 할 것 같은데 어떻게 하시겠어요? 환자분은 장 절제술을 3번이나 받아서 장 길이가 짧아졌기 때문에 음식을 아무리 먹어도 몸에 흡수가 되질 않습니다. 그래서 수액 투여를 중단할 수는 없을 것 같아요. 생명을 유지하기 위해서는 수액을 통해 영양분을 섭취하는 것은 물론이고 입으로도 영양분을 섭취해야 합니다. 또한 통증도 관리해야 하고요."

호스피스 병동으로 옮겨져 그곳에서 생을 마감하게 된다는 걸 의사 선생님의 말을 통해 알게 됐습니다. 집으로 돌아갈 수 없다고 생각하니 집이 너무도 그리웠습니다. 생의 마지막을 집에서 가족과 함께 보내고 싶었습니다. 안 된다는 걸 알면서도 가족이 있는 집으로 돌아가고 싶었습니다.

아내한테 부탁해 집 근처에 있는 오가사와라 내과를 찾아가 선생님 말씀을 들어보라고 했습니다. '이별 안내서'를 손에 들고 돌아온 아내는 주치의에게 이렇게 말했습니다.

"집에서 마지막을 맞이할 수는 없나요?"

아내 덕분에 집으로 돌아왔습니다. 그리고 재택 호스피스 완화 케어를 시작했습니다.

"기타무라 씨, 통증이 생기면 진통제를 처방할 테니까 맘껏 움직이세요."

움직임을 최소화하던 제가 오가사와라 선생님의 말에 힘입어 조금씩 몸을 움직이기 시작했습니다. 병원에 있을 땐 몸을 움직이면 극심한 통증이 몰려왔기 때문에 아무것도 먹지 못했는데 집에 돌아와서는 세 끼를 먹을 수 있게 됐습니다. 뭐니 뭐니 해도 역시 아내가 해준 밥이 최고더군요. 음식을 먹을 수 있게 되자 깜짝 놀랄 정도로 몸 상태가 좋아졌습니다. 저의 달라진 모습을 보고 가족도 놀라워했어요. 입원 중에는 몸을 전혀 움직이지 못했거든요. 밥을 먹으니 면역력이 높아져 몸도 건강해졌습니다.

주어진 시간이 얼마 남지 않았다고 생각했는데 집으로 돌아온 지 6개월이 지난 지금도 건강합니다. 물론 암이 완치된 건 아니기 때문에 언제까지 살 수 있을지는 모릅니다. 그래서 슬프기도 하지만 행복하기도 합니다. 집에서 가족과 함께 지낼 수 있다는 사실이 너무 행복합니다. 막 퇴원했을 무렵에는 고열과 통증에 시달리기도 하고 진한 갈색의 소변을 누기도 했습니다. 그런데 지금은 열도 없고 구토 증상도 없습니다. 통증이 심할 땐 진통제를 먹으면 되기 때문에 아무런 걱정이 없어요. 그래서 너무 행복합니다.

다만 점점 체력이 떨어지고 있다는 건 느낍니다. 하지만 통증에 대한 공포심이 없기 때문에 차분하고 평온하게 죽음을 맞이할 수 있을 것 같아요. 아침에는 아내와 아이들이 출근하면서 잘 갔다 오겠다는 인사를 합니다. 저녁에는 잘 갔다 왔다는 인사를 하고요. 매일 사랑하는 가족의 얼굴을 보고, 집 안을 바삐 움직이는 발소리와 목소리를 듣는 게 얼마나 행복한지 모릅니다.

병원에 있었다면 벌써 죽었을 몸입니다. 움직이지도 못하고 천장만 바라보던 제가 가족과 함께 맛있는 밥을 먹을 수 있고 아내와 아이들의 얼굴을 보며 지낼 수 있다는 게 믿기지 않아요. 간호사분이 집으로 오셔서 진통제도 놔주고 여러 모로 돌봐주시기 때문에 안심하고 편안하게 지낼 수 있습니다. 역시 집만큼 좋은 곳은 없는 것 같아요.

기타무라 씨의 이야기를 어떻게 들으셨나요?

그는 견딜 수 없는 통증에 시달렸기 때문에 입원 중에 사용하던 마약성 진통제의 용량을 3배로 늘려야 했습니다. 생을 마감하기 직전에는 통증이 더 심해져 경구용 모르핀으로 환산하면 3,000밀리그램 정도의 마약성 진통제를 사용했습니다. 통상은 모르핀을 30밀리그램 정도만 투여해도 통증이 완화되지만 사람에 따라서는 심한 통증에는 300밀리그램, 극심한 통증에는 3,000밀리그램 정도가 필요한 경우도 있습니다.

마약성 진통제는 사용법이 어렵다는 이미지와 마약에 대한 편견 때문에 의사와 환자 모두 적극적으로 사용하지 않는 것이 현재의 실

정입니다. 그래서 의사들의 교과서라 할 수 있는《오늘날의 치료 지침 2012(今日の治療指針2012)》에 저의 경험을 바탕으로 호스피스 완화 의료의 약물요법에 대해 기술해놓았습니다.

모르핀은 용량을 늘림으로써 통증을 완화할 수 있는 신비한 약입니다. 의사는 모르핀을 적절히 투여하는 기술을 익혀야 하고 환자는 모르핀의 효과를 제대로 아는 것이 중요하므로 다음의 사항을 기억해두기 바랍니다.

- 통증은 약으로 해결할 수 있다.
- 약은 안전하게 사용할 수 있도록 만들어졌다.
- 통증 치료에 마약성 진통제를 사용하는 경우에는 중독되지 않으니 안심하고 복용해도 좋다.
- 갑작스럽게 통증이 찾아오면 참지 말고 즉효성 있는 진통제를 복용한다.
- 변비나 구토 등의 부작용은 예방할 수 있다.

모르핀은 기분이 좋을 때나 행복감을 느낄 때 분비되는 엔도르핀과 화학 구조식이 가장 유사합니다. 즉 모르핀을 복용하면 엔도르핀이 분비됐을 때와 같은 상태가 돼 통증, 호흡곤란 등의 증상이 사라질 뿐만 아니라 기분도 좋아지는 것입니다.

암과 함께
남은 삶을 행복하게

●

아키야마 유키에(80대 여성)

병명: 유방암, 다발성 뼈 전이(남은 수명 1~2주일)

가족: 남편과 둘이 산다

●

이번에는 15년 동안 암과 함께 살아온 아키야마 씨의 사례를 소개합니다.

아키야마 씨는 예순다섯 살에 유방암 진단을 받은 후 15년 동안 치료를 거부해왔습니다. 치료를 거부한 이유는 다양했습니다. '수술 받는 것이 싫다', '항암치료를 받으면 머리가 빠지는 등의 부작용이 발생한다', '일과 취미 생활을 동시에 즐기고 싶다', '암과 사이좋게 지내면 10년은 살 수 있다고 믿었다' 등 입니다. 그는 자신이 유방암을 앓고 있다는 사실을 남편에게 10년 동안 숨겼습니다. 눈으로 확인할 수 있을 정도로 암 덩어리가 커졌을 때는 복대로 꽁꽁 감고 다녔습니다.

그가 여든이 되던 어느 날의 일이었습니다. 남편에게서 급히 왕진을 와달라는 전화를 받고 찾아갔더니 그가 고통스러운 얼굴을 하고 이렇게 말했습니다.

"선생님, 너무 고통스럽습니다. 통증이 심해 몸을 움직일 수도 잠을 잘 수도 없어요. 저 좀 살려주세요."

바로 산소호흡기를 달고 솔루메드롤을 정맥주사로 투여했습니다. 이뇨제인 라식스(Lasix)와 모르핀을 처방하고 방문 간호사가 발 마사지를 해줬습니다. 잠시 후, 통증이 가라앉았는지 고통으로 일그러졌던 그의 얼굴이 활짝 펴진 것을 보고 여명을 판단하는 지표 중 하나인 알부민(Albumin) 검사를 했습니다.

알부민 검사 결과를 남편에게 전했습니다.

"알부민은 데시리터(㎗, 1데시리터는 1리터의 10분의 1_옮긴이)당 4~5그램(g/㎗) 사이가 정상 수치인데 2 이하로 떨어지면 매우 심각한 상태라고 할 수 있습니다. 검사 결과 부인의 수치는 1.8이었습니다."

"그렇다면 곧 저 세상으로 떠나겠군요."

그의 남편은 아내의 죽음을 담담하게 받아들이는 것 같았습니다. 재택 호스피스 완화 케어를 시작하고 며칠이 지난 후 왕진을 나갔을 때의 일입니다.

"의사 선생님, 모르핀 덕분에 통증이 가라앉아 마음이 조금은 편안해졌습니다. 호흡도 편해져 잠도 잘 자고 있고요. 선생님께서 처방해주신 약 덕분에 악취도 해결돼 아주 기분이 좋아요. 게다가 암 덩어리도 깔끔하게 떨어지지 않았나요?"

그는 이렇게 말하며 암 덩어리가 떨어져 나간 가슴을 보여줬습니다. 재택 호스피스 완화 케어를 시작했을 무렵에 유방암 말기였던 그는 암 덩어리가 몸 밖으로 튀어나와 악취가 진동했습니다.

간혹 몸 밖으로 튀어나온 암 덩어리가 떨어지는 경우도 있는데 덩어리가 떨어지면 피가 나기 때문에 지혈을 하기 위해서 거즈로 누르거나 복대를 두릅니다. 출혈이 심할 때는 수혈도 합니다. 그도 이런 과정을 반복했고 1년 3개월을 보냈을 무렵에는 암이 떨어져 나간 부위가 깔끔해졌습니다.

그는 기쁜 듯이 말했습니다.

"귀여운 암 덩어리를 보고 있으니 기분이 좋아지네요."

"듣고 보니 그러네요. 아키야마 씨의 분신이겠군요. 깔끔하게 떨어져서 다행입니다."

깜짝 놀라 눈이 휘둥그레졌지만 이내 침착함을 되찾아 이렇게 대답하며 같이 웃었습니다. 이처럼 자신이 원하는 죽음, 만족하는 죽음, 납득하는 죽음을 향해 살아가는 사람들은 자신의 삶을 활기차게 살아갑니다.

알부민 수치가 3.9까지 회복돼 간신히지만 혼자서 화장실에 갈 수 있을 정도가 됐습니다. 그래서 그에게 요도에 삽입해두었던 가는 관인 카테터를 빼자고 했더니 거부했습니다.

"왜 안 빼시려는 거예요?"

카테터를 제거하지 않는 이유가 궁금해서 묻자 놀라운 대답이 돌아왔습니다.

"그게, 저는 언제 죽을지 모르는 말기 암 환자잖아요. 만약 응급 상황이 발생하면 아흔이 된 남편이 저를 구하려고 할 텐데 그러다 다치기라도 하면 괴로워서 살 수 없을 것 같아요. 저는 남편과 이 집에서 같은 공기를 마시며 살고 싶어요. 남편이 환하게 웃을 때 제 삶의 질(QOL)도 높아지기 때문에 카테터는 빼지 않는 게 좋을 것 같아요."

혼자서 화장실에 갈 수 있는 사람은 요도 카테터를 제거하는 것이 당연하다고 배워온 저는 그의 말에 감탄했습니다.

저를 포함한 의료 종사자들이 대학에서 배우거나 병원에서 겪은 진료 경험을 통해 당연히 해야 한다고 생각하는 의료행위가 환자들에게는 당연하지 않을 수도 있다는 것을 알게 되었습니다. 더불어 환자들이 원하지 않는 치료도 있다는 것, 교과서에 나오는 대로 과학적 증거에 바탕을 둔 의료를 제공하는 것은 의사들의 이기주의일지도 모른다는 사실을 새삼 통감한 사례였습니다.

생을 마감하기 한 달 전까지 혼자서 간신히 걸음을 옮기면서도 행복해하던 아키야마 씨는 남편의 전화를 받고 처음 그의 집을 찾아간 지 2년 정도 됐을 때 평온한 죽음을 맞이했습니다.

잠시 항암제에 대해 설명하겠습니다. 아키야마 씨는 15년 동안 어떤 치료도 받지 않은 채 암을 방치했기 때문에 암 덩어리가 몸 밖으로 튀어나와 육안으로도 확인할 수 있는 상태였습니다. 사람들 대부분은 암을 발견한 시점에 치료를 시작할 것입니다. 조기에 발견해 수술로 제거하는 것이 가장 좋은 치료법입니다. 그러나 수술이 불가능한 상태가 되면 거의 모든 의사는 항암치료를 권합니다. 물론 치료 효과가 있는 항암제는 사용해야 하지만 그렇지 않은 경우에는 신중히 생각할 필요가 있습니다.

　암세포 수가 10억 개일 때 암의 크기는 1세제곱센티미터 정도입니다. 그처럼 암이 커지면 1조개나 되는 암세포가 우리 몸 안에 있는 것입니다. 작아도 고약한 암이 있기 때문에 크기로만 판단할 수는 없지만 이렇게나 커진 암을 치료하기 위해 항암제를 투여하는 것은 의미가 없다고 생각합니다.

　그러나 문제는 암 크기를 육안으로 확인할 수 없는 환자가 항암제를 투여하면 암이 완치된다고 믿는 데에 있습니다. 진실을 모르는 것이 문제인 것입니다.

　암이 초기 단계이거나 완치의 희망이 있다면 암과 싸워야 합니다. 하지만 가망이 없는 말기 암 환자가 암과 계속 싸우는 것이 과연 행복할까요? 아키야마 씨처럼 암을 눈으로 볼 수 있다면 치료를 포기하는 사람이 많을 것입니다. 물론 그냥 포기하는 것은 아닙니다. 암과 함께 살아가는 것입니다.

남겨진 시간을 항암제로 고통받기보다는 재택 호스피스 완화 케어를 통해 하루하루를 편안하게 보내는 것이 좋지 않을까요? 이길 수 없는 상대에게 도전해 마지막 순간까지 고통을 받아야 한다면 되도록 빨리 마음을 바꿔 남은 삶을 행복하게 살 수 있는 재택 호스피스 완화 케어를 선택하는 것은 어떨까요?

알고 있기에
할 수 있었던 선택

●

스즈키 요시오(68세 남성)

병명: 뇌출혈, 사지마비, 경관영양(튜브 급식), 혼수상태(남은 수명 1개월)

가족: 아내와 둘이 산다

●

이번에는 조금 색다른 조의 답례품을 준비한 가족의 이야기를 소개하겠습니다.

스즈키 씨는 뇌출혈 후유증으로 사지가 마비돼 코에 삽입된 튜브를 통해 영양분을 공급받고 기관절개술을 통해 인공호흡기를 부착한 혼수상태에 빠진 환자였습니다. 기관절개를 하면 두 시간 간격으로 가래를 제거해야 합니다. 즉 하루에 열두 번이나 가래를 빼내야 하는 것입니다. 보통 사람 같으면 혼수상태에 빠진 남편을 집에서 돌볼 수 있다고는 생각하지 못할 것입니다. 하지만 스즈키 씨의 부인은 2장 첫 번째 사례의 주인공인 오노 유코 씨의 여동생으로 재택 호스피스 완화 케어의 기적을 직접 목격한 사람이었습니다.

어느 날, 부인이 병원으로 찾아와 이렇게 물었습니다.

"오가사와라 선생님, 오랜만에 뵙습니다. 선생님 덕분에 언니는 지금도 건강하게 잘 지내고 있답니다. 오늘은 제 남편 일로 상의할 게 있어서 찾아왔어요. 남편이 뇌출혈로 쓰러져 병원에 입원해 있는데요. 주치의 선생님이 마음의 준비를 하라고 하시더라고요. 그래서 퇴원시켜 달라고 부탁했는데 퇴원은 안 된다고 하시네요. 어떻게 하면 좋을까요?"

"퇴원하실 수 있도록 제가 돕죠."

"그럼 선생님 성함을 대면서 다시 부탁해볼게요."

며칠 후, 그는 퇴원해 집으로 돌아갔습니다. 그리고 재택 호스피스 완화 케어를 시작했습니다. 하지만 두 시간 간격으로 가래를 빼줘야 하는 것이 부인에게는 큰 부담이었습니다. 그래서 가래 배출 횟수를 줄일 수 있는 방법을 강구했습니다. 가래가 많이 생기는 이유는 많은 양의 수분을 섭취하는 데에도 원인이 있기 때문에 수분 섭취량을 줄이면 가래도 덜 생깁니다.

입원 중에는 1,500밀리리터의 고칼로리 수액을 주입했기 때문에 수분량을 1,500밀리리터에서 750밀리리터로 줄이는 동시에 칼로리도 낮췄습니다. 그것만으로도 가래 뽑는 횟수가 하루에 열두 번에서 네다

섯 번으로 줄었고 가래로 인한 호흡곤란 증상도 완화됐습니다. 무엇이
든 지나치면 좋지 않은 법입니다.

가래 제거를 위한 흡인처치가 하루에 네 번으로 줄어 부인의 부담
도 크게 경감됐습니다. 그렇지만 아침, 점심, 저녁 그리고 자기 전 이렇
게 네 번을 빼줘야 한다는 것은 부인이 외출할 수 없다는 것을 의미합
니다. 그래서 가래흡인 의료처치를 할 수 있는 요양보호사는 주 10회,
방문 간호사는 주 2회, 방문 목욕서비스 제공자는 주 2회 정도 그의 집
을 방문해 필요하다고 생각할 때마다 가래를 제거하도록 조치했습니
다. 즉 하루에 두 번은 의료 전문가가 가래를 제거하기 때문에 부인은
하루 두 번만 가래를 빼주면 되는 것입니다.

이 일은 혼수상태로 누워 있는 그에게도 좋은 영향을 미쳤습니다.
어렵게 집에 돌아온 남편을 간병하느라 부인이 지쳐 웃음을 잃어버렸
다면 집안 분위기도 무거워졌을 것입니다. 하지만 전문가들의 도움으
로 간병 부담을 던 부인은 편안한 마음으로 남편을 간병할 수 있었습
니다. 부인의 이런 마음이 전해져서인지 그의 표정도 한결 편안해 보
였습니다.

참고로 스즈키 씨의 본인부담 의료비는 얼마 정도라고 생각하나
요? 그의 경우에는 방문 진료, 방문 간호, 방문 약료, 방문 요양, 방문
목욕, 의료용 침대 대여료 등을 합하면 당시 금액으로 한 달에 약 3만
4,000엔 정도였습니다.

첫 번째와 사망했을 때를 제외하면 1년 동안 왕진을 네 번 갔습니

다. 왕진은 환자나 가족이 요청하면 의사가 환자가 있는 곳으로 가서 응급 진료를 하는 것입니다. 집에서 요양하는 환자들의 경우에는 통증만 해소할 수 있다면 의사의 도움 없이도 편안히 지낼 수 있기 때문에 왕진을 많이 나갈 필요는 없습니다.

살날이 얼마 남지 않았다는 말을 들었던 스즈키 씨는 1년 동안 집에서 편안하게 지내다 아내 곁에서 세상을 떠났습니다.

남편을 떠나보낸 후 부인이 저에게 이런 말을 했습니다.

"남편은 정말 행복한 죽음을 맞이한 것 같아요. 선생님의 책을 읽은 덕분에 저도 안심하고 떠나보낼 수 있었습니다. 남편의 지인들도 남편처럼 행복한 죽음을 맞이하길 바라는 마음에서 선생님의 책을 조의 답례품으로 드렸어요. 장례식에 와주신 분들이 이 책을 읽을 때마다 남편을 떠올려주면 저도 기쁠 것 같습니다."

벚꽃 아래에서 찍은
두 번째 영정 사진

•

하나다 마사코(64세 여성)

병명: 췌장암(남은 수명 2개월)

가족: 딸과 같이 산다(낮에는 간병인 없이 혼자 지낸다)

•

길어야 8개월이라는 시한부 선고를 받은 지 6개월이 지난 12월 29일에 하나다 씨가 병원을 찾아왔습니다.

"선생님, 저는 살날이 두 달 정도 남은 말기 암 환자인데요. 병원을 믿을 수가 없어서 치료를 거부하고 집에서 요양을 하고 있어요. 그런데 집에서 혼자 지내다 보니 왠지 모르게 불안해지더라고요. 그러던 차에 암 환자들의 모임이 있다는 이야기를 들어서 회원이 되려고 찾아갔더니 저처럼 말기 암 환자는 회원이 될 수 없다고 하네요. 남은 시간을 어떻게 보내면 좋을까요?"

"글쎄요. 재택 호스피스 완화 케어라면 마지막까지 통증 없이 편안하게 지낼 수 있을 뿐만 아니라 열 명 중 세 명에게는 연명 효과도 있긴 합니다만…."

"재택 호스피스 완화 케어라고요? 완화 치료는 언제든 받을 수 있나요?"

"그럼요. 언제든 연락만 주시면 집으로 찾아가겠습니다."

그로부터 한 달 이상 지난 2월 9일, 그에게서 전화가 걸려왔습니다.

"선생님, 너무 아파서 꼼짝도 못하겠어요. 제가 지금 딸 집에 와 있는데 이쪽으로 오실 수 있나요?"

딸 집으로 왕진을 나간 저는 그에게 바로 솔루메드롤을 투약했습니다.

오가사와라 내과가 재택 호스피스 완화 케어를 진행할 때 사용하는 솔루메드롤이라는 부신피질호르몬제제는 우리 몸에서 분비되는 부신피질호르몬과 같은 작용을 하는 것으로 8시간 정도 효과가 지속됩니다. 그래서 낮에는 활동하고 밤에는 휴식을 취하는 일주기 리듬이 깨지지 않습니다.

반면에 대부분의 의료기관에서는 솔루메드롤이 아니라 사용하기 편하고 약 24시간 약효가 지속되는 다른 의약품을 사용합니다. 24시간 약효가 지속되는 것이 좋다고 생각할지도 모르지만 24시간 약효가 지속되면 신체 리듬이 깨지기 쉽습니다. 신체 리듬이 깨지면 면역력이 저하되는 등의 부작용이 발생할 수도 있습니다.

몸 상태가 악화된 하나다 씨에게 모르핀과 솔루메드롤을 처방하자 바로 증세가 호전됐습니다. 상태가 좋아진 그는 영정 사진을 찍고 싶다며 공원으로 갔습니다. 활짝 핀 매화꽃을 배경으로 아름다운 영정 사진을 찍었습니다. 그 후로도 통증 없이 평온하게 지내던 그는 3월에 들어서자 다시 상태가 악화됐습니다.

"선생님, 저에게 남은 시간이 얼마 없는 것 같아요."

그는 몸이 안 좋아지니 마음도 약해진 듯했습니다. 희망을 잃으면 면역력은 떨어지기 마련입니다. 그래서 줄였던 솔루메드롤의 투여량을 다시 늘리고 간호사의 방문 횟수도 늘리는 등 완화 치료에 주력했습니다. 다시 기력을 되찾은 어느 날의 일이었습니다.

"선생님, 영정 사진을 다시 찍었는데 보여드릴까요?"

그는 활짝 핀 벚꽃 아래에서 두 번째 영정 사진을 찍었던 것입니다. 그를 밀착 취재했던 방송국 피디가 찍어준 그 사진에는 말기 암 환자라고는 생각할 수 없을 정도로 생기 넘치는 모습이 담겨 있었습니다.

그러나 5월이 되자 장이 완전히 막혀 더 이상 음식을 먹을 수 없게 됐습니다. 게다가 배에 덩어리가 만져지고 복수가 차올라 침대에서 일어나지 못하는 상태가 됐습니다.

"선생님, 이제 정말 얼마 안 남았죠?"

죽음이 임박했음을 받아들이려던 순간에 예의 방송국 피디에게 전화가 걸려왔습니다.

"방송 날짜가 정해져서 연락드렸어요. 6월 29일하고 7월 5일에 방송될 예정입니다."

기쁜 소식을 전해들은 하나다 씨는 즐거워하며 이렇게 말했습니다.

"어머, 저도 방송을 보고 싶어요. 근데 아쉽게도 볼 수 없을 것 같네요."

"제가 대신 보겠습니다."

"아니, 제가 볼게요."

"돌아가시면 못 봐요."

"그럼, 안 죽을래요."

기다리고 기다리던 6월 29일, 놀랍게도 그는 걸을 수 있을 정도로 상태가 호전돼 방송을 볼 수 있었습니다. 텔레비전 화면에 나오는 자신의 모습과 훌륭한 내용에 깊은 감동은 받은 그는 매우 만족해했습니다. 그런데 텔레비전 방송이 삶의 동아줄이었던 그는 방송을 보자마자 급격하게 상태가 안 좋아졌습니다.

7월 29일, 배가 빵빵하게 부풀어 올라 이번에는 정말 힘들겠구나 하고 생각하고 있는데 방송국 피디에게서 다시 전화가 왔습니다.

"오가사와라 선생님, 며칠 전에 방송된 프로그램에 대한 평가가 너무 좋아서 8월 29일하고 9월 5일에 재방송하기로 결정됐습니다. 하나다 씨에게도 알려주시면 감사하겠습니다."

전화를 끊자마자 재방송 소식을 그에게 알리러 갔습니다. 그런데 정작 그는 체념한 듯 이렇게 말했습니다.

"선생님, 배가 이렇게 빵빵한데 그때까지 살 수 있을까요?"

"그럼, 제가 대신 볼게요."

1주일 후 왕진을 갔던 부원장이 잰걸음으로 달려오며 이렇게 말했습니다.

"선생님, 의학적으로는 있을 수 없는 기적이 일어났어요! 하나다씨 배에서 만져지던 암 덩어리가 없어지고 배에 찼던 복수도 많이 빠졌더라고요."

말도 안 되는 소리라고 생각하면서 그를 보러 갔더니 정말 배가 들어가 있었습니다.

"무슨 일이 있었나요?"

"제가 나온 방송을 보기로 마음먹었어요."

방송에 대한 강한 애착이 의학적으로는 설명할 수 없는 기적을 일으킨 것입니다.

사람은 매우 강한 힘을 갖고 있지만 절망감에 빠져 살게 되면 그 힘이 부정적으로 작용해 살아갈 기력과 체력을 모두 빼앗아 버려 생명이 단축되는 것입니다. 반대로 희망을 품고 살아가면 그 힘이 삶의 질(QOL)을 높이고 그 결과 죽음의 질(ADL)도 향상돼 놀라울 정도의 수명 연장 효과를 불러올 수도 있습니다.

오가사와라 내과에서 자원봉사자 양성교육을 받은 아로마테라피스트와 풋 테라피 전문 자격을 가진 방문 간호사가 그의 집을 찾아가 이런저런 대화를 나누며 발 마사지를 해주자 다시 공원에서 산책을 즐길 수 있을 정도로 몸이 회복됐습니다. 재택 호스피스 완화 케어는 환자의 몸뿐만 아니라 마음도 치유해주는 의료인 것입니다.

네 번째 방송이 있던 9월 5일은 8개월이라는 시한부 선고에도 불구하고 반년이나 더 산 날이었습니다. 그러나 마지막 방송 이후로 그의 상태는 급격히 악화됐습니다.

10월이 되자 황달 증상이 나타나고 거동을 전혀 할 수 없는 상태가 됐습니다.

"방송을 다시 해주면 좋겠어요. 그러면 더 살 수 있을 텐데요."

그는 이렇게 말했지만 더 이상은 가망이 없어 보였습니다. 그래서 저는 이런 제안을 했습니다.

"하나다 씨의 기적 같은 삶을 책으로 엮으면 어떨까요? 어떤 책이 만들어질지 기대되지 않으세요?"

자신이 직접 집필하고 싶다고 말하는 그의 눈에 생기가 돌았습니다. 며칠 후 그에게 의학서적 전문출판사에서 책을 내기로 했다는 소식을 전하자 매우 기뻐했습니다. 집필 활동에 전념하면서 하루하루를 보냈지만 건강은 점점 악화돼 황달로 온몸이 누렇게 됐습니다.

11월 말쯤에 함께 사는 딸이 병원을 찾아왔습니다.

"선생님, 엄마 얼굴이 까매진 걸 보니 임종이 얼마 안 남은 것 같아요. 떠나는 모습을 지켜보고 싶어서 연말연시에 계획했던 여행을 포기하고 엄마를 돌볼까 하는데…."

딸의 말이 끝나기도 전에 끼어들어 이렇게 말했습니다.

"재택 호스피스 완화 케어를 받은 사람은 가야할 때를 알고 떠나는 사람이 많답니다. 그러니 어머님은 따님이 곁에 없을 땐 떠나지 않으실 거예요."

딸이 안도하는 표정을 지으며 말했습니다.

"그런가요? 그럼 여행을 다녀오겠습니다."

딸의 바람대로 그는 무사히 새해를 맞이할 수 있었습니다.

그 무렵에는 황달로 까매졌던 얼굴이 갈색으로 변하다 점차 짙은 황록색으로 변했습니다. 그는 그런 상태에서도 노래를 부르고 싶어 했습니다.

오가사와라 내과에서 시행하는 음악치료는 환자 집에 키보드를 들고 가 환자가 좋아하는 노래를 연주하면서 의사, 간호사, 때로는 자원봉사자, 케어 매니저 등이 함께 노래를 부르는 것입니다. 완화 의료에 참여하는 모든 사람이 마음을 나누며 즐거운 한때를 보내는 것입니다. 방문 간호사가 환자의 연령에 맞춰 다양한 노래를 준비하는데 하나다 씨는 추모곡으로 널리 쓰이는 〈천 개의 바람이 되어〉라는 노래를 즐겨 불렀습니다. 떠나는 사람의 마음을 어찌 다 헤아릴 수 있을까요?

음악치료를 받은 지 1주일이 지난 1월 23일 아침의 일이었습니다. 여느 때처럼 6시 30분에 집을 나서려고 준비하던 딸이 무언가 말하고 싶다는 듯이 입을 우물거리는 엄마를 보고 '물이 마시고 싶은가' 하는 생각에 물을 가지러 나갔다가 돌아오자 그의 호흡이 멈춰 있었습니다. 회사에 출근하기 5분 전에 일어난 일입니다. 여행을 갔던 딸이 돌아온 후에 세상을 떠난 것입니다. 그는 두 장의 영정 사진 중에서 활짝 핀 벚꽃 아래에서 환환 미소를 지으며 찍은 것을 골랐습니다.

시한부 선고를 받은 후 살아갈 희망을 잃고 육체적으로나 심적으로 괴로워하던 그는 재택 호스피스 완화 케어와 만남으로써 통증이 해소돼 웃음을 되찾았습니다. 방송 보는 낙으로 삶을 이어가던 그는 열심히 글도 쓰고 좋아하는 노래도 부르며 지내다 평온한 죽음을 맞이했습니다.

딸의 바람대로 새해를 함께 맞이하기는 했지만 자서전을 내고 싶다던 본인의 꿈은 이루지 못한 채 생을 마감했습니다. 극히 일부이지만 이 지면을 빌려 하나다 씨의 삶을 여러분에게 소개할 수 있어서 감사하게 생각합니다.

하품 체조의
기적

●

구보 다케시(75세 남성)

병명: 중증 심부전, 허혈성 심근증

가족: 아내와 둘이 산다

●

이번에는 마음 편히 쉴 수 있는 집, 그리고 하품 체조가 가져다준 기적과 함께 병원이 얼마나 사람을 긴장하게 만드는 장소인지를 알려주는 사례를 소개합니다.

　구보 씨는 중증 심부전으로 심장이 비대해진 상태였습니다. 가슴 전체 크기를 100퍼센트로 보았을 때 심장의 크기가 45퍼센트 이하라면 정상입니다. 그런데 그는 82퍼센트로 가슴의 대부분을 심장이 차지했습니다. 이렇게 심장이 비대해지면 오래 살기는 힘듭니다.

오가사와라 내과에 자주 찾아오던 그의 부인이 어느 날 외래 진료 중에 이런 말을 했습니다.

"선생님, 남편이 심부전으로 1년에 반 이상은 병원 신세를 지고 있는데다가 입·퇴원을 반복하고 있어서 제가 너무 힘이 듭니다."

"가족이 병원에 있으면 당연히 지치고 힘들죠. 재택 호스피스 완화 케어를 받으면 입원할 필요가 없어 조금은 편해지시지 않을까요?"

제 말을 들은 부인은 안도의 표정을 지으며 집으로 돌아갔습니다. 구보 씨는 퇴원하고 오가사와라 내과에서 시행하는 재택 호스피스 완화 케어를 받기로 했습니다. 제가 왕진을 가자 그는 기쁜 듯이 말했습니다.

"선생님, 역시 집이 좋네요."

"그렇죠. 집에 오셨으니 먹고 싶은 거 있으면 맘껏 드세요."

"제일 먼저 된장국이 먹고 싶네요. 10년 동안 한 번도 먹은 적이 없거든요."

"십년 만에 드시는 거라서 더 맛있겠네요."

제 말이 끝나자마자 부인이 화를 내며 말했습니다.

"선생님, 된장국을 먹으라고 하면 안 되죠. 주치의 선생님이 된장국에는 염분이 많기 때문에 절대로 먹으면 안 된다고 했어요."

그래서 제가 이렇게 말했습니다.

"여기가 병원이라면 된장국을 권하지 않겠지만 집에서는 먹고 싶은 걸 먹으면 되지 않을까요?"

뭔가 좀 이상하다는 생각이 드시나요?

참고로 저는 나고야 대학교에서 〈혈관확장요법으로 심부전 환자의 혈관을 넓혀 심부전을 개선한다〉라는 논문으로 박사 학위를 받은 순환기내과 전문의이며 전문 분야는 심부전입니다. 그런 의사가 병원에서는 된장국을 먹을 수 없지만 집에서는 먹어도 된다고 말하는 이유는 무엇일까요? 돌팔이 의사라고 생각할지도 모르기 때문에 보충 설명을 하겠습니다.

실은 조금 전의 대화는 거기서 끝이 아닙니다. 된장국을 먹고 싶다면 반드시 해야 할 일이 있는데 그것은 하품 체조입니다. 양손을 들고 '아~' 하고 소리를 내며 하품을 하면서 손을 내리는 하품 체조를 해야 합니다. 하품 체조를 하면 된장국을 먹을 수 있다는 말이 조금은 황당하게 들리지도 모릅니다. 하지만 그런 말을 하는 데에는 이유가 있습니다.

구보 씨는 병원에 있는 동안에 심장이 나쁘다는 소리를 들을 때마다 긴장했습니다. 심부전을 앓고 있는 환자에게 필요한 것은 마음의 긴장을 풀어줌으로써 과도하게 수축된 혈관을 확장시켜 심장의 부담을 덜어주는 것입니다. 고속도로를 운전할 때, 화를 낼 때, 불안하고 긴장할 때는 혈관이 수축돼 혈압도 급상승합니다. 혈관이 수축하면 심장에 부담을 줘 심부전이 더욱 악화됩니다. 반대로 하품을 하면 몸과 마음의 긴장이 풀어집니다. 긴장이 풀어지면 혈관은 확장됩니다. 즉 하품 체조는 혈관을 확장시키는 효과가 있는 것입니다.

입원 중에는 가슴의 82퍼센트를 차지하던 그의 심장이 재택 호스피스 완화 케어와 하품 체조를 병행한 결과 3년이 지난 지금은 54퍼센트로까지 작아졌습니다. 기적에 가까운 변화였습니다. 그로부터 7년 후에는 더욱 작아져 49퍼센트가 됐습니다.

그의 이야기는 이렇게 해피엔드로 마무리 되는가 싶었는데 예기치 못한 일이 발생했습니다. 퇴원 후 10년 동안 한 번도 입원한 적 없이 잘 지내던 그가 어느 날 발열, 기침 등의 증상을 보이는 기관지염에 걸린 것입니다.

"아빠는 심장이 안 좋으니까 병원에 입원해서 치료하자."

시집간 딸의 말에 마음이 약해진 그는 기관지염을 치료하기 위해 입원하고 말았습니다. 지금까지 편안한 집에서 좋아하는 음식을 먹으며 심신을 치유하고 하품 체조로 긴장을 풀어줌으로써 자연스럽게 혈관이 넓어지는 효과를 봤던 구보 씨에게 병원은 마음을 긴장하게 만드는 곳이었습니다.

입원한 그는 긴장이 극에 달한 상태로 지내다 한 달 후에 생을 마감했습니다. 외래 환자들 중에도 흰색 가운은 입은 의사만 보면 혈압이 올라가는 '백의성 고혈압'을 앓고 있는 분이 있습니다. 병원이라는 곳은 많은 의료진이 상주하며 혹시라도 생길 수 있는 위급 상황에 대비하고 있기 때문에 언뜻 보기에는 안심할 수 있는 공간 같지만 실은 사람을 긴장하게 만드는 장소인 것입니다.

제가 고안한 하품 체조하는 방법을 101페이지에서 소개하니 참고

해주세요. 심부전에 효과가 있을 뿐만 아니라 심장재활과 호흡재활치료에도 도움이 되고 마음의 긴장을 풀어주는 효과도 있으므로 여러분도 따라해 보세요.

　일본이나 대만 등에서 강연을 했을 때 하품 체조를 소개한 뒤 강연 참석자들과 함께 하품 체조를 시연해보기도 했습니다. 훗날 대만 각지에서 하품 체조하는 사진을 보내주는 분들도 있었습니다. 언어는 달라도 하품은 만국 공통인 것 같습니다.

하품 체조

· 순서

① 양팔을 내린 채 다리를 어깨 너비로 벌리고 등과 가슴을 편다.

② 양팔을 천천히 올리고 가슴 가득히 공기를 들이마신다.

③ 입을 크게 벌리고 '아~' 하고 하품을 하면서 올렸던 팔을 그대로 아래로 내린다.

· 효과적인 방법

   – 1세트에 2회, 1일 3세트를 한다.

   – 스트레스를 느꼈을 때는 바로 한다.

   – 자연의 공기를 마시면서 한다.

매일 하다 보면 효과를 체감할 수 있으니 가족과 함께 해보세요.

3장

●

●

혼자 살아도,
돈이 없어도
집에서
죽을 수 있다

집에서
내 인생 최고의 웃음을 찾다

●

소노베 노부미쓰(79세 남성)

병명: 폐암, 진폐증(남은 수명 수주일)

가족: 혼자 산다

●

일본에서는 2000년부터 간병보험제도가 도입되면서 혼자 사는 사람도 부담 없이 집에서 생을 마감할 수 있게 됐습니다. 이 제도가 도입되기 전까지는 집에서 요양하기를 바라는 사람은 자비로 간병도우미를 고용해야 했습니다. 3장에서는 비용 문제도 포함해 집에서 평온하게 생을 마감한 홀로 사는 환자들의 사례를 소개합니다.

2010년 봄, 소노베 씨의 아들과 딸이 오가사와라 내과를 찾아왔습니다.

"선생님, 저희 아빠가 폐암 진단을 받으셨는데 통증 때문에 너무 힘들어하세요. 호스피스 병동에 들어가려면 앞으로 1~2주는 더 기다려야 한다고 하고 집에 돌봐줄 사람도 없어서 병원에 입원하시는 게 나을 것 같은데 병원은 가기 싫다고 하세요. 마음이 놓이질 않아 어제는 아빠 집에서 잤는데 산소를 4리터나 투여했는데도 괴로워하며 한숨도 못 주무시더라고요. 지금 바로 왕진을 나가실 수 있나요?"

서둘러 소노베 씨의 집을 찾아가자 그는 침대에 누워 가쁜 숨을 몰아쉬고 있었습니다.

"소노베 씨, 병원에 가시는 게 좋을 것 같아요. 자녀분들도 걱정하고 있어요."

"병원은 싫습니다. 선생님께서 왕진을 오실 순 없나요?"

병원 가기를 거부하는 그를 위해 재택 호스피스 완화 케어를 시작했습니다. 솔루메드롤과 모르핀을 투여하고 천천히 호흡하는 연습을 하라고 일러줬습니다.

완화 치료를 시작한 지 며칠 지나지 않아 호흡곤란 증상이 사라지고 2주일이 지났을 무렵에는 산소호흡기도 뗄 수 있었습니다. 통증과 호흡곤란 증상에서 해방된 그는 웃음을 되찾았습니다. 그의 웃는 모습을 남기고자 함께 사진을 찍은 뒤에 인화해서 선물로 줬습니다. 그는 한동안 아무 말 없이 사진을 바라봤습니다. 그가 먼저 말할 때까지 가만히 기다리고 있는 저에게 이렇게 말했습니다.

"제 인생에서 최고의 웃음이네요."

그는 다시 말을 이어갔습니다.

"아내와 만나 결혼하고 아이가 생겼을 때 너무 행복했어요. 그리고 회사에서 사장이 됐을 때도 행복했고요. 그런데 말기 암 판정을 받은 후에는 제가 선생님을 비롯해 많은 분의 보살핌 속에서 살아가고 있다는 걸 깨달았어요. 사장이었을 땐 직원들을 먹여 살린다는 자만심으로 가득 차 있었거든요. 저도 믿기지 않지만 암으로 살날이 얼마 남지 않은 지금이 가장 행복합니다. 마치 여기가 극락 같아요."

그는 만면에 웃음을 띠며 말했습니다. 죽음을 앞두고서야 많은 사람의 도움을 받으며 살아가고 있다는 것을 깨달았다는 그의 말을 듣고 생명의 소중함을 새삼 느꼈습니다.

평소 목욕을 즐기던 그는 방문 목욕서비스를 자주 이용했습니다. 욕조에 몸을 담그고 피로를 풀 때만큼 기분 좋은 일도 없을 것입니다.

"목욕 후에 마시는 맥주는 그야말로 꿀맛입니다."

말기 암 환자인 소노베 씨는 집에서 좋아하는 맥주도 마시고 목욕도 하면서 행복한 시간을 보냈습니다. 요양보호사와 간호사는 매일, 의사는 1주일에 한 번 정도 그의 집을 방문했습니다. 가족을 포함해 매일 누군가가 그의 집을 찾아갔기 때문에 집에 혼자 있는 날은 거의 없었지만 재택 호스피스 완화 케어를 시작한 지 2개월쯤 지났을 무렵에는 기력이 떨어져 혼자서는 거동을 못하는 상태가 됐습니다.

좋아하던 목욕도 즐기지 못하게 된 어느 날의 일이었습니다. 그는 작은 목소리로 이렇게 말했습니다.

"선생님, 저는 이제 곧 죽나요?"

"환자분이 죽는다고 생각하면 죽을지도 모르죠."

"그런가요? 사실 선생님께서 처음 저희 집에 오셨을 때 이미 죽은 것이나 다름없는 상태였는데 지금도 이렇게 행복하게 살고 있으니 이제 죽어도 여한이 없습니다."

"아니, 잠깐만요. 환자분은 여한이 없을지도 모르지만 아드님과 따님 생각도 하셔야죠. 가족에게 유언을 남기시는 건 어때요? 조금은 위안이 되지 않을까요?"

"거기까진 생각 못했네요. 지금까지 살아 있는 것도 아이들 덕분인데 말이죠. 내일 저녁에 아이들을 불러 유언을 남겨야겠네요."

다음 날 새벽 0시, 방문 간호사에게서 그의 사망 소식을 알리는 전화가 걸려왔습니다. 평소에는 환자 가족으로부터 집으로 와달라는 요청이 있어야 찾아가지만 그가 가족에게 어떤 유언을 남겼는지가 궁금했던 저는 서둘러 그의 집으로 갔습니다. 그리고 아들을 보자마자 물었습니다.

"아버님께서 돌아가시기 전에 유언을 남기셨나요?"

"네, 남기셨어요. 마지막 남은 힘을 다해 6시간에 걸쳐서 말씀하셨어요. 아빠는 마지막까지 자식 걱정만 하시다가 눈을 감으셨습니다."

"다행이네요. 얼굴이 평온해 보이시네요. 근데 어떤 유언을 남기셨나요?"

"선생님 죄송해요. 유언까지는 말씀드릴 수 없을 것 같아요."

"말해주는 게 그렇게 어렵나. 그럼 새벽이고 하니 이만 쉬러 가야겠네요."

이렇게 말하며 현관을 나서려고 하자 아들이 쫓아 왔습니다.

"선생님을 누가 이기겠어요. 아빠를 보살펴주신 은혜를 갚기 위해서라도 말씀드릴게요."

소노베 씨가 남긴 유언을 다 듣고 집으로 돌아가려는 저에게 그의 아들이 이렇게 말했습니다.

"선생님께서 본인이 원하는 죽음, 만족하는 죽음, 납득하는 죽음을 맞이하라는 말씀을 해주신 적이 있는데 아빠에게 딱 들어맞는 말인 것 같아요. 예약했던 호스피스 병동에서 병실이 비었다는 연락이 와도 집에 있겠다며 몇 번이고 거절하셨거든요."

"그랬군요. 저한테도 집에 있으니 너무 좋다고 말씀하셨어요. 돈도 별로 안 들고 마음 편히 지낼 수 있으니 이보다 더 좋을 순 없죠."

재택의료를 선택하게 되면 비용이 많이 든다고 생각하기 쉽지만 실은 그렇지 않습니다. 소노베 씨가 사망 전 3개월 간 본인이 부담한 비용은 7만 428엔이었습니다. 만약 호스피스 병동에 입원했다면 13만 3,200엔을 본인이 부담해야 합니다(111페이지 참조). 본인부담금은 건강보험, 간병보험의 본인 부담분과 자비 부담분을 합한 것입니다.

물론 병세, 주거환경 같은 환자의 상황이나 어떤 의료서비스를 받느냐에 따라 금액은 달라집니다. 의료서비스의 양과 질에 따라서는 간병보험의 지원 한도액을 넘는 경우도 있지만 오가사와라 내과에 찾아오는 환자 열 명 중 여덟 명은 혼자서 살더라도 건강보험과 간병보험의 지원 한도액 안에서 완화 케어를 제공받을 수 있습니다. 지원 한도액을 초과한 나머지 두 명 중 한 명도 사망 전까지의 자비 부담분이 30만 엔을 넘지 않습니다. 이러한 사실로 볼 때 '마지막 순간까지 집에서 편안하게 지내기 위해 지출하는 비용'은 그리 많지 않다는 사실을 알 수 있습니다.

| 소노베 씨의 사망 전 3개월 간 본인부담금과 호스피스 병동에 입원했을 경우 비교 |

	재택의료	9월(19일분)	10월(31일분)	11월(20일분)
건강보험	의사	83,400엔	190,100엔	334,310엔
	약제비	26,700엔	88,300엔	54,400엔
	간호사	44,850엔	69,950엔	87,050엔
	소계	154,950엔	348,350엔	475,760엔
	본인부담	12,000엔	12,000엔	12,000엔
간병보험	요양보호사	19,400엔	48,500엔	53,930엔
	방문 목욕		44,400엔	24,000엔
	침대 대여료			8,250엔
	방문 요양관리료	2,900엔	2,900엔	2,900엔
	방문 약료	6,000엔		6,000엔
	소계	28,300엔	95,800엔	95,080엔
	본인부담	2,830엔	9,580엔	9,508엔
자비	교통비 등	200엔	400엔	1,910엔
	사망진단서 발급비			10,000엔
	소계	200엔	400엔	11,910엔
합계		183,450엔	444,550엔	582,750엔
실제 본인부담금		15,030엔	21,980엔	33,418엔

[호스피스 병동] (식대, 1인실 사용료, 사망 진단서 발급비 등은 별도 부담)

합계	754,300엔	1,230,700엔	794,000엔
실제 본인부담금	44,400엔	44,400엔	44,400엔

※ 과세소득이 145만엔 이상인 사람과 저소득층 제외한 70세 이상 고령자의 경우에는 건강보험 재가급여
의 본인부담 상한액이 12,000엔이다(2010년 당시 금액).

진실을 알게 된 후
달라진 것들

●

오쿠무라 마코(73세 여성, 기초생활수급자)

병명: 인두암, 폐 전이(말기)

가족: 혼자 산다

●

여러분이 만약 암에 걸린다면 의사가 사실대로 말해주기를 원하나요? 아니면 모르는 것이 낫다고 생각하나요? 이번 사례를 통해 나에게는 어느 쪽이 좋은지 한번 생각해보기 바랍니다.

　가족이 암에 걸렸을 때 본인에게 암이라는 사실을 알릴지 말지를 고민하는 분이 많으리라 생각합니다. 암에 걸려 살날이 얼마 남지 않았다는 사실을 알린다면 환자 본인이 절망하거나 살아갈 기력을 잃을지도 모른다고 생각해 끝까지 숨기는 분도 있을 것입니다. 하지만 제 경험으로 보자면 대부분의 환자는 진실을 알고 싶어 합니다.

그럼 진실을 알기 전과 알고 난 후에는 무엇이 달라질까요? 환자에게 진실을 알린다는 것은 환자 한 사람의 문제가 아닙니다. 환자의 가족이 환자를 어떻게 대할지, 환자가 어떤 치료를 받을지, 어떤 삶을 선택할지 등 모든 것이 달라진다고 해도 과언이 아닙니다.

만약 치료를 받고 있는데도 상태가 호전되지 않는다면 환자는 왜 병이 낫지 않는지 의문을 가질 것입니다. '내가 생각했던 거보다 더 상태가 안 좋은 게 아닐까', '이러다 죽는 게 아닐까' 하는 불안감에 휩싸여 누구도 믿지 못하게 될 것입니다.

진실을 알지 못하면 불안감이 더해집니다. 불안감은 면역력을 떨어뜨려 살아갈 기력을 빼앗고 그 결과 남은 삶이 더 짧아질 수도 있습니다. 죽음을 목전에 두고서야 남은 시간이 얼마 남지 않았음을 알게 돼 하지 못했던 일에 대해 후회하고 아쉬워하면서 생을 마감하게 된다면 진실을 아는 것보다 더 괴롭지 않을까요? 끝이 좋으면 다 좋다는 말이 있습니다. 환자가 남은 삶을 의미 있게 보낼 수 있도록 기회를 줘야 합니다.

진실을 알게 되면 한동안은 언제 죽을지도 모른다는 절망감과 불안감에 사로잡힐 것입니다. 그래서 진실을 알린 다음에는 반드시 심리치료를 병행해야 합니다. 그리고 의사가 환자에게 암이라는 사실을 알릴 때에는 간호사가 동석하는 것이 좋습니다. 고압적인 의사에 비해 늘 환자의 곁에 있는 간호사들은 편안하게 느껴지기 때문에 간호사가 있느냐 없느냐에 따라 그 자리의 분위기가 크게 달라질 수도 있습니다.

지금부터 자신이 암이라는 사실을 모른 채 기초생활보장 수급자로 살아온 독거노인의 사례를 소개합니다.

오쿠무라 씨는 인두암으로 수술을 받고 입원해 있다가 암이 완치됐다는 말을 듣고 퇴원했습니다. 그런데 사실 그의 암은 완치된 상태가 아니었습니다. 그는 완치된 줄 알고 있었지만 의료진과 케어 매니저는 말기 암이라는 사실을 알고 있었습니다.

진실을 아는 사람과 모르는 사람이 대화를 하다 보면 의도치 않은 말실수를 할 때도 있습니다. 진실을 알고 있던 케어 매니저는 가족 없이 혼자 살고 있는 그가 걱정되고 안쓰러운 나머지 묻지 말아야 할 것을 묻고 말았습니다.

"어디 불편하거나 아프신 데는 없으세요?"

케어 매니저의 질문에 왠지 모를 불안감을 느낀 그는 몸 상태가 갑자기 안 좋아졌습니다. 그 이후로 케어 매니저가 방문하는 날에는 어김없이 구급차를 불러 1박 2일 동안 입원을 하고 퇴원하는 생활을 반복했습니다.

어느 날 아침, 케어 매니저가 그의 집을 방문해 언제나처럼 걱정스러운 듯 물었습니다.

"불편하신 데는 없으세요? 밤에 잠도 잘 주무시고요?"

또다시 컨디션이 나빠진 그는 오후에 구급차를 불러 병원으로 갔습니다. 잦은 입 · 퇴원을 반복하는 그를 보다 못한 암병동 간호사가 이런 말을 했습니다.

"오쿠무라 씨, 저희 병원에서 처방하는 진통제로는 통증이 가라앉지 않으시니 오가사와라 내과에서 시행하는 재택의료서비스를 받아 보는 건 어떠세요? 지금 바로 전화해서 부탁할 테니 이만 집으로 돌아가셔도 됩니다."

병원으로부터 의뢰를 받은 저는 토털 헬스 플래너와 함께 그의 집에 갔습니다.

"처음 뵙겠습니다. 질문 하나 해도 될까요? 입 · 퇴원을 반복하고 있다고 들었는데 그 이유가 무엇인지요?"

"병원에 안 가고는 못 배길 정도로 너무 고통스러워서요."

"어디가 아프신데요?"

"케어 매니저분이 어디 불편한 데 없냐고 물을 때마다 고개를 숙이고는 왜 그런 질문을 하는지 생각하곤 하는데 그때마다 너무 아프더라고요."

"그렇군요. 예전에 선술집을 운영하신 적이 있다고 들었는데 맞나요?"

"네, 젊었을 때 했지요."

"그럼 〈위를 보고 걷자〉(일본을 대표하는 대중가요 중 하나_옮긴이)라는 노래를 잘 아시겠네요?"

"당연히 알죠."

"그럼, 위를 보면서 다 같이 노래합시다."

세 명이 합창을 했습니다. 노래를 다 부르고 나서 그에게 이렇게 물었습니다.

"노래를 부를 때는 어떠셨어요? 힘들지 않으셨어요?"

"네, 전혀요. 오히려 즐거웠는걸요."

"이번에는 고개를 아래로 숙여보세요. 고개를 숙일 때 통증이 있진 않으세요?"

"네, 아파요."

"왜 그런지 아세요?"

"아뇨, 저야 모르죠."

"왜 아픈지 알고 싶으세요?"

"선생님, 저는 가족이 없기 때문에 모든 걸 혼자서 결정해야 합니다. 그러니 사실대로 이야기해주세요. 아픈 이유가 뭔가요?"

"알겠습니다. 사실대로 말씀드리죠. 환자분은 혼자 사시니까 환자분에게 도움을 줄 수 있는 사람들도 같이 들으면 좋을 것 같아요. 동네 지인들, 주민자치회 회장, 노인돌봄 자원봉사자, 노인복지과 담당자, 케어 매니저, 약사, 간호사, 영양관리사, 요양보호사에 방문 목욕서비스를 해주는 분들까지 모두 불러서 함께 이야기해보도록 합시다."

한 시간쯤 대화를 나눈 뒤 병원으로 돌아가기 위해 일어서면서 이렇게 말했습니다.

"오쿠무라 씨, 바닥에 돈이 떨어져 있더라도 절대 고개를 숙여서는 안 됩니다. 위를 보고 걷는다는 생각으로 생활하세요."

　그를 만나고 온 지 3일 후, 진실을 말할 날이 다가왔습니다. 병원 관계자나 지인들 외에 자치회 회장과 노인돌봄 자원봉사자를 부른 이유는 이웃 사람들에게도 오쿠무라 씨의 상황을 알려 그가 안심하고 집에서 살 수 있도록 하기 위해서입니다. 이웃 사람들이 그가 처한 상황에 대해 모른다면 '기초생활수급자인 독거노인이 맨날 구급차에 실려 가는데 들리는 소문에 의하면 암 환자래. 근데 왜 입원을 시키지 않는 거야?' 하고 이상하게 생각할 것입니다.

　20명 정도가 모여 이야기를 나눴습니다. 환자에게 진실을 알리는 것은 앞으로의 삶을 좌우하는 중요한 일입니다. 사실을 알려야 하는 의사로서 저는 소진된 그의 기력과 체력을 회복시켜 웃음을 되찾아줄 때까지 그의 집을 떠나지 않겠다는 각오로 유머를 섞어가며 천천히 말했습니다.

　"오쿠무라 씨, 많이 힘드셨죠. 하지만 지난 3일 동안은 구급차를 부른 적이 없지 않나요? 환자분을 위해 20명이 한자리에 모였는데 정말 진실을 알고 싶으세요?"

　"당연하죠. 사실대로 말씀해주세요."

　"알겠습니다. 환자분을 수술한 의사한테 무슨 말을 들으셨나요? 그걸 먼저 알려주세요."

　"의사 선생님이 암이 완치됐다고 했어요. 그래서 퇴원한 거고요."

　"그렇군요. 주치의 선생님에게 받은 진료 의뢰서를 읽어드릴 테니까 잘 들으세요."

저는 그의 손을 잡고 진료 의뢰서를 읽었습니다.

"73세 여성, 인두암, 뼈로 전이됨. 항암제를 투여해도 전혀 효과가 없다. 암이 더 커지지는 않았지만 더 이상 항암제를 투여할 수 없는 상태다. 환자에게는 항암제를 투여하면서부터는 암이 커지지도 않고 완치됐으니 퇴원해도 된다고 설명함. 하지만 암이 폐로도 전이됐고 앞으로 상태가 더욱 악화돼 호흡곤란을 일으킬 가능성이 높다고 적혀 있습니다."

가만히 듣고만 있던 그가 떨리는 목소리로 이렇게 말했습니다.

"뭐라고요? 완치된 게 아니었어요? 의사 선생님은 분명 완치됐다고 했는데요."

"주치의 선생님은 암이 커지는 것을 막았다는 의미로 완치됐다고 말한 것 같아요."

"그럼, 아직도 제 몸속에 암 덩어리가 있는 거예요?"

"네, 그렇습니다. 여기에 그렇게 적혀 있어요."

"선생님, 저 죽나요?"

"대답하기 전에 하나만 여쭤봐도 될까요? 여기에 20명 정도가 모였는데 이 사람들 중에 가장 먼저 죽는 사람이 누구라고 생각하세요?"

"그야, 저 아닐까요?"

"그렇죠. 여기 있는 사람들도 그렇게 생각할 거예요. 힘드시겠지만 그럴수록 더 힘을 내셔야 합니다."

제 말을 들은 오쿠무라 씨가 낙심한 듯 고개를 떨궜고 그 순간 맥박이 빨라졌습니다.

　저는 환자에게 진실을 알릴 때 손을 잡고 말하는데 그렇게 하는 데에는 두 가지 이유가 있습니다. 하나는 환자를 안심시키기 위해서입니다. 의사가 환자의 상태에 대해 알려줄 때는 누구나 긴장하고 불안해합니다. 그런데 손을 잡아주면 불안감이 조금은 해소되는 모습을 보였습니다. 그렇기 때문에 저는 환자의 손을 잡고 이야기하면서 마음을 단단히 먹으라고 당부합니다.

　다른 이유는 맥을 짚어보기 위해서입니다. 손을 잡으면서 집게손가락을 가만히 손목에 대면 맥박이 빠른지, 느린지, 센지, 약한지 그리고 불규칙적으로 뛰는지를 느낄 수 있습니다. 맥박수가 1분당 140회 정도로 상승한다면 의사가 무슨 말을 해도 환자의 귀에 들어가지 않는다는 사실을 지금까지의 경험으로 알게 되었습니다. 맥박수가 100회 이하로 떨어지면 놀란 마음이 진정되어 상대방이 무슨 말을 하는지 이해할 수 있기 때문에 맥박이 정상으로 돌아올 때까지 환자의 손을 꼭 잡고 기다려줍니다. 무슨 일이든 때가 중요한 법입니다.

　그의 맥박이 빨라졌고 손바닥은 땀으로 젖어 있었습니다. 모두가 입을 굳게 다문 채 침묵을 지켰습니다. 잠시 후 그의 맥박이 정상으로 돌아오는 것을 보고 다시 말을 이어갔습니다.

　"오쿠무라 씨, 고통스럽고 불안해서 잠도 잘 못 주무시죠. 그래서 구급차도 부르는 거고요. 그런데 너무 불안해하면 면역력이 떨어져 오래 못 사실 수도 있어요. 불안감을 느낄 때마다 제 사진을 보는 건 어떠세요?"

고개를 숙이고 있던 그가 눈을 치뜨고 빙긋 웃었습니다. 저도 같이 웃으며 말했습니다.

"잘 자고 몸과 마음을 따뜻하게 하고 잘 웃으면 오래 사실 수 있으니 너무 불안해하지 마세요. 재택 호스피스 완화 케어를 선택한 환자 열 명 중 세 명에게는 연명 효과도 있었습니다. 항암치료가 별 효과가 없었으니 재택 호스피스 완화 케어를 받아보는 건 어떠세요? 통증이 심해지거나 불안할 때 모르핀을 맞으면 마음이 편안해져 오래 사실지도 몰라요. 연명 효과가 없더라도 통증 없이 웃으며 지내실 수는 있습니다."

진실을 알고 어깨가 축 처졌던 그는 제가 30분에 걸쳐서 자신의 현재 상태에 대해 설명하자 조금씩 마음을 열기 시작했습니다. 손과 손을 잡고, 눈과 눈을 맞추는 것, 즉 손과 눈으로 환자를 살피는 것이 재택 호스피스 완화 케어인 것입니다.

재택 호스피스 완화 케어를 시작한 그를 위해 한자리에 모여 있던 20명이 회의를 시작했습니다.

- 아프거나 고통스러울 때는 모르핀을 투여한다.
- 석유난로에서 나는 냄새가 기침을 유발한다면 보온팩을 이용한다.
- 좌약을 사용할 때는 요양보호사에게 도움을 받도록 한다.

- 혼자 화장실에 못 가게 되면 요도 카테터를 삽입한다.
- 약을 먹지 못하게 되면 자가통증조절장치를 사용한다.
- 위급한 상황이 발생했을 때는 언제든지 방문 간호 스테이션에 연락한다.
- 오가사와라 내과에 현관 열쇠를 맡긴다.

위의 사항을 다 같이 확인한 다음 집에서 생을 마감하고 싶다는 오쿠무라 씨의 희망을 실현시킬 수 있는 의료서비스를 제공하기로 했습니다. 65세 이상 고령자가 가능한 자신의 지역에서 자립해 일상생활을 할 수 있도록 의료, 예방, 간병, 주거, 자립 등을 각 지역의 실정에 맞게 포괄적으로 지원하는 체계인 지역 밀착형 포괄 케어 시스템을 가동하기로 한 것입니다. 일본에서는 2003년에 처음으로 나왔고 당시에는 보건소나 재택의료에만 한정해서 시행했지만 지금은 의료에 병원도 포함하고 있습니다.

열쇠를 보관하는 이유는 혼자 사는 환자의 집을 방문했을 때 대문이 자물쇠로 잠겨 있는 통에 집 안으로 들어가지 못한 적이 여러 번 있었기 때문입니다. 경찰을 불러서 창문을 깨고 들어간 적도 있기 때문에 혼자 사는 환자의 경우에는 되도록 열쇠를 보관하려고 합니다.

재택 호스피스 완화 케어를 받은 그는 통증이 해소돼 잠을 푹 잘 수 있게 됐습니다. 그의 소식을 들은 지인들이 만나러 오기도 하고 좋아하는 노래를 부를 수 있는 음악치료도 받으면서 평온하고 충만한 하루하루를 보내게 되자 더 이상 구급차를 부를 필요가 없게 됐습니다.

먼 곳에 사는 여동생과 친구들이 오쿠무라 씨를 만나러 온 날 그는 평온한 죽음을 맞이했습니다. 이웃의 도움과 협력 덕분에 집에서 임종을 맞고 싶다는 그의 소망이 이뤄질 수 있었습니다.

오쿠무라 씨의 사례에는 현재 우리가 안고 있는 여러 문제점을 확인할 수 있었습니다.

첫 번째는 케어 매니저에게 '말기 암 환자가 혼자 사는 것은 불가능하다'는 인식이 있었다는 것입니다. 환자의 생활 안정을 지원하는 케어 매니저가 불안감을 느끼자 그것이 환자에게 전달돼 환자도 불안하게 만드는 결과를 초래한 것입니다. 의료 관련 종사자들이 재택의료에 대한 인식을 바꿔야 한다는 것을 절실히 느낀 사례였습니다.

두 번째는 처음에도 언급했듯이 진실을 알려야 하느냐의 문제입니다. 진실을 알리지 않는 것이 환자를 위한 것이라고 잘못 생각하는 사람도 많습니다. 하지만 진실을 알지 못하면 삶의 방식을 선택할 수 없습니다. 진실을 알아야 앞으로 어떻게 살아갈지 생각할 수 있는 것입니다.

세 번째는 환자의 상태를 알리는 것에 그치지 않고 환자를 어떻게 도울 것인지를 중요하게 생각해야 한다는 것입니다. 말기 암이라는 사실을 알면 환자는 충격을 받겠지만 희망을 갖고 살아갈 수 있도록 손을 잡아주고 눈을 맞추고 인내심을 갖고 마음의 문을 두드려야 합니다. 그렇게 하면 고통과 절망 속에서도 삶의 희망을 놓지 않을 것입니다.

　재택 호스피스 완화 케어를 시행하면서 죽음이 임박해서야 살아 있다는 것에 감사해하는 사람들을 보았고, 힘든 상황 속에서도 웃음을 잃지 않는 많은 환자를 보며 진실을 알리는 것의 중요성을 알게 됐습니다.

　가족이나 지인들은 괴로울지도 모르지만 환자에게 자신의 상태를 정확하게 알려야 합니다. 진실을 안다는 것은 환자에게도 가족에게도 후회하지 않는 삶을 살기 위한 첫걸음입니다.

돈이 없어도
집에서 죽을 수 있다

●

나카다 하루에(89세 여성)

병명: 간암, 다발성 뼈 전이

가족: 혼자 산다

●

"선생님, 이웃에 사는 할머니께서 목을 매려고 하니 빨리 좀 와주세요."

어느 날, 한 할머니가 병원에 찾아와 이렇게 말했습니다. 깜짝 놀란 저는 서둘러 왕진을 나갔습니다. 할머니 손에 이끌려 찾아간 집에는 나카다 씨가 홀로 방 안에 앉아 있었습니다.

"무슨 일이세요? 왜 목을 매셨어요?"

"암 치료비를 감당할 수가 없어서요. 입원비에 값비싼 항암제를 투여하느라 모아둔 돈을 다 써서 목을 매는 수밖에 달리 길이 없네요."

"돈이 떨어지셨군요. 아프진 않으세요?"

"어깨도 아프고 허리도 아파서 밤에 잠도 못 자요. 그래서 죽고 싶어요."

"그런데 환자분 집에는 그림이 많이 걸려 있네요. 누가 그린 거예요?"

"제가 그린 미인도예요. 그림에서 빛이 나죠."

"직접 그리신 거예요? 정말 잘 그리시네요."

"마음에 드는 그림이 있으면 가지고 가세요."

"감사합니다. 그보다 돈이 없다고 하셨는데 어느 정도 가지고 계세요? 통장을 보여주실 수 있나요?"

"통장이요? 네, 보여드릴게요."

그의 통장을 보자 두 달에 한 번꼴로 14만 932엔이 입금된 내역이 있었습니다.

"연금이 들어온 건가요?"

"네, 맞아요. 두 달분이 한꺼번에 들어온 거예요."

"그렇군요. 매달 3만엔이 출금되고 있는데 이건 뭔가요?"

"월세예요."

"한 달 연금 수령액이 7만 2,466엔인데 월세가 3만엔이라는 건 한 달 생활비가 4만 2,466엔이라는 거네요."

"그 돈으론 치료비를 감당할 수가 없어서 죽으려고 한 거예요."

"죽긴 왜 죽어요. 이 돈으로 마지막까지 보살펴드릴 테니 안심하세요."

제가 이렇게 말하자 그는 눈을 동그랗게 뜨고 말했습니다.

"이 돈으로 치료해주신다고요? 목매고 죽지 않아도 되는 거예요?"

"당연하죠. 하지만 한 가지 꼭 지키셔야 할 약속이 있는데 그 약속만 지켜주신다면 마지막까지 고통 없이 지내실 수 있도록 해드릴 테니 안심하세요."

"약속이란 게 뭔가요?"

"그건 잘 자고 몸과 마음을 따뜻하게 하고 잘 웃는 거예요. 그러면 면역력이 높아져 오래 사실 수도 있어요. 거동을 못하게 되면 사흘, 길어도 1주일에서 열흘을 넘기기 힘들어지니 지금 받는 연금으로도 충분합니다."

"그래요? 다행이네요. 선생님 고맙습니다."

하지만 이내 마음이 바뀌었는지 느닷없이 이런 말을 했습니다.

"선생님, 역시 웃으며 살 수는 없을 것 같아요."

"왜요?"

이렇게 되묻자 부끄러워하면서도 숨김없이 털어놓았습니다.

"그게, 주치의 선생님이 술은 절대 마시면 안 된다고 해서 좋아하는 술을 끊었거든요. 그런데 어떻게 웃으며 살 수 있겠어요?"

"아, 그래요. 술을 드셔서 웃으실 수 있다면 드시면 되잖아요."

"안 돼요. 저 간암 환자예요. 주치의 선생님도 술은 간에 나쁘다고 했어요."

"그렇지만 환자분에게는 남은 시간이 별로 없지 않나요. 목을 매려던 분이 술은 왜 못 드세요?"

"그렇긴 하지만…."

"어차피 죽을 거라면 마셔도 되지 않을까요? 돌아가시면 좋아하는 술도 못 드세요. 간암에 걸린 의사도 술을 잘만 마시던데요."

"정말 마셔도 되나요?"

"드셔도 됩니다. 게다가 간암에 걸린 사람은 술을 조금만 마셔도 취하니까 돈도 많이 안 들잖아요. 그런데 술은 어디에 있나요?"

"저 서랍장 안에…."

서랍장을 열어보자 레드와인 두 병이 있었습니다. 와인 병을 나카다 씨 앞에 가져다 놓으면서 이렇게 말했습니다.

"나카다 씨, 마시고 싶으시면 마셔도 됩니다."

"정말이죠? 선생님하고 간호사분도 같이 드실래요?"

"좋죠. 다 같이 마십시다. 건배!"

"선생님, 오랜만에 마셔서 그런지 술이 참 맛있네요. 원래도 밝은 성격이지만 술이 들어가니 더 유쾌해지는데요."

조금 전까지 어깨를 늘어뜨리고는 목을 매겠다고 말하던 그와는 완전히 다른 사람이었습니다. 잘 자고 몸과 마음을 따뜻하게 하고 잘 웃겠다는 약속을 전제로 재택 호스피스 완화 케어를 시작했습니다.

그런데 한 달에 4만 2,466엔으로 마지막까지 웃으며 지낼 수 있다는 약속을 어떻게 할 수 있었을까요? 지금까지 재택 호스피스 완화 케어를 받으면 마음이 편안하고 즐거워져 살아갈 희망이 생기고 그에 따라 건강 상태도 호전될 수 있다는 사실을 소개했습니다. 환자의 건강 상태가 양호할 때는 비용이 그렇게 많이 들지 않지만 혼자서는 거동을 못하는 상태가 되면 비용이 꽤 들어가게 됩니다.

그에게도 말했듯이 재택 호스피스 완화 케어를 받는 대부분의 환자는 거동을 못하게 되면 사흘, 길어도 1주일에서 열흘을 넘기기 어렵습니다. 이 기간 동안에 드는 비용은 의료용 침대 대여료, 방문 요양서비스 이용료, 방문 진료비, 약제비 등입니다. 방문 간호서비스 이용료의 경우는 교통비를 제외하면 대부분 무료입니다.

방문 간호서비스 이용료가 무료인 이유는 일본에서는 암이나 루게릭병(근위축성측색경화증) 등에 걸린 환자는 서비스 이용료를 간병보험이 아니라 건강보험에서 지원하기 때문입니다. 70세 이상 저소득층에 속하는 나카다 씨의 의료비 본인부담금은 한 달에 최고 8,000엔이며 방문 진료비와 약제비로 8,000엔을 초과하기 때문에 결과적으로 방문 간호서비스 이용료는 무료인 것입니다. 그래서 거동을 못하게 되더라도 한 달 생활비 4만 2,466엔으로 열흘 동안의 의료비와 간병보험의 본인부담금을 충당할 수 있는 것입니다.

'잘 자고 몸과 마음을 따뜻하게 하고 잘 웃겠다'는 약속을 할 수 있던 이유는 재택 호스피스 완화 케어라면 고통 없이 지내다 잠자듯 평온하게 숨을 거둘 수 있을 뿐만 아니라 그다지 돈도 들지 않기 때문입니다.

돈 걱정도 없어지고 좋아하는 술도 마실 수 있게 된 그에게는 통증을 완화하기에 딱 좋은 처방이 있었습니다. 그것은 바로 모르핀 와인이었습니다. 모르핀 와인은 레드와인에 모르핀과 시럽, 그리고 증류수를 넣은 것입니다. 모르핀으로 통증을 조절하는 것은 물론 좋아하는 술도 마실 수 있는 기쁨을 누릴 수 있고 알코올의 상승효과로 푹 잘 수 있는 좋은 약입니다.

하지만 한 가지 불안이 사라지면 다른 불안이 찾아오기 마련인 모양입니다. 재택 호스피스 완화 케어를 시작한 지 한 달이 지났을 무렵 그가 이렇게 말했습니다.

"밤에 되면 불안해져 잠을 잘 수가 없습니다."

그래서 간호사와 요양보호사에게 매일 그의 집을 방문하도록 부탁했습니다. 이웃에 사는 할머니도 아침저녁으로 그를 보러 갔습니다.

이와 함께 '야간 세데이션'을 시작하기로 했습니다. 세데이션 (Sedation)이란 진정을 의미합니다. 진정에는 '야간 세데이션'과 '완화적 진정'이 있습니다. 그 차이에 대해서는 6장에서 자세히 설명하겠습니다.

오가사와라 내과에서 시행하는 야간 세데이션은 불안과 통증을 해소해줄 뿐만 아니라 마치 동화 속 '잠자는 숲 속의 미녀'가 된 것처럼 아침까지 푹 잘 수 있도록 해주는 것으로 어디까지나 사람다운 삶을 살기 위한 의료행위입니다.

아침까지 푹 잘 수 있다는 것은 환자 본인과 가족에게 매우 중요한 일입니다. 그래서 밤이 되면 불안해져 거의 잠을 못 잔다는 환자들에게는 재택 호스피스 완화 케어의 하나로서 야간 세데이션을 시행하고 있습니다. 그러나 병의 진행 상황에 따라 진정제 투여 중에 사망할 가능성이 없다고는 말할 수 없습니다. 그래서 야간 세데이션을 시행할 때는 반드시 환자에게 확인을 합니다.

어느 날, 그의 집을 찾아가 진료를 하며 이렇게 말했습니다.

"잠을 못 자면 왠지 불안하시죠. 밤에만 '잠자는 숲 속의 미녀'가 될 수 있는 방법이 있긴 한데요."

"그게 뭔가요?"

"야간 세데이션이라고 하는 건데 수면제를 복용하면 혼수상태에 빠진 것처럼 잠이 드는 거예요. 하지만 암이 진행되면 자면서 죽을 수도 있습니다."

"고통스럽게 죽어가나요?"

"아뇨, 자는 동안에 죽기 때문에 전혀 고통스럽지 않습니다."

"그렇군요. 고통 없이 죽을 수 있다니 대단한데요."

"하지만 실제로는 야간 세데이션을 하는 동안에 죽는 분은 거의 없습니다. 아침에 잠에서 깨서 누군가 곁에 있을 때 숨을 거두는 경우가 대부분이에요."

"그래요? 근데 저는 혼자일 때 떠나고 싶어요."

그의 말에 깜짝 놀랐습니다. 지금까지 많은 환자를 봐왔지만 혼자

일 때 죽고 싶다고 말한 사람은 한 명도 없었기 때문입니다. 실제로 오가사와라 내과가 마지막까지 돌봐준 53명의 홀로 사는 노인 중 90퍼센트 이상이 누군가 곁에 있을 때 생을 마감했습니다.

나카다 씨는 야간 세데이션을 시작하자 잠을 푹 잘 수 있게 됐습니다. 그러나 8일째 되는 날부터 혼자서는 걸을 수 없게 됐습니다. 거동을 못하게 되면 진통제를 가지러 갈 수 없기 때문에 자가통증조절장치를 장착해 통증에 대한 불안감을 해소했습니다.

12일째 되는 날, 혈압이 떨어져 언제 죽을지 모르는 상태가 되었는데도 언제나처럼 평온한 표정을 짓고 있었습니다. 13일째 되는 날 아침, 방문 간호사가 그의 집을 찾아갔을 때는 이미 세상을 떠난 후였습니다. 그의 바람대로 곁에 아무도 없을 때 생을 마감한 것입니다.

혼자일 때 떠나고 싶다는 말을 달고 살던 그를 밀착 취재하던 기자와 함께 사망을 확인하기 위해 그의 집으로 갔습니다. 기자가 감회에 젖은 표정으로 이렇게 말했습니다.

"나카다 씨였기에 혼자서 머나먼 여행을 떠날 수 있었던 것 같아요. 간호사가 도착하기 한 시간 반 전에 이웃에 사는 할머니께서 들여다보셨을 때는 아직 살아계셨다고 하더라고요. 당신을 돌봐준 할머니께서 가시는 것을 보고 나서야 세상을 떠나셨다고 밖에는 생각할 수 없을 것 같아요. 참 신기하네요."

한 달 생활비가 4만 2,466엔이었던 나카다 씨는 이웃 할머니에게 도움을 받으며 마지막까지 편안하고 즐겁게 지내다가 본인이 원하는 죽음, 만족하는 죽음, 납득하는 죽음을 맞이했다고 생각합니다.

돈이 없어 치료를 포기하거나 절망하는 분들이 적지 않습니다. 그런 고통을 사회적 고통이라고 합니다. 하지만 돈이 있든 없든 누구나 제공받을 수 있는 의료서비스, 사회적 고통을 해결하는 노하우와 지혜를 겸비한 재택의료가 필요합니다. 그것이 재택 호스피스 완화 케어인 것입니다.

이번 사례는 이웃 할머니와 같은 자원봉사자가 있다면 혼자 사는 환자라도 본인이 살고 싶은 곳에서 마음 편히 지내다 생을 마감할 수 있다는 것을 보여주는 지역 밀착형 포괄 케어의 모범 사례가 아닐까 생각합니다.

눈과 귀가 멀고
걷지 못해도 집이 좋다

●

가와이 도시코(80세 여성)

병명: 심부전, 골반 전이, 약시, 난청

가족: 혼자 산다

●

이번에는 눈도 보이지 않고 귀도 들리지 않는 홀로 사는 환자의 이야기입니다. 가와이 씨는 이런 악조건 속에서도 집에서 임종을 맞고 싶다는 희망을 버리지 못하고 있었습니다.

2006년 7월, 왕진을 와달라는 요청을 받고 그의 집으로 갔습니다.

"가와이 씨, 처음 뵙겠습니다. 저는 오가사와라입니다. 무슨 일로 부르셨나요?"

"저는 혼자 살고 있는데요. 요즘 들어 걷기도 힘들고 가만히 서 있

는 것도 힘들어 병원에도 못 가는 신세가 됐지만 병원에 입원하기보
다는 지금처럼 집에서 지냈으면 해서요. 선생님께서 왕진을 와주실 순
없나요?"

"당연히 가야죠. 마음 편히 지내실 수 있도록 해드릴게요."

눈과 귀가 멀고 거동도 불편한 환자를 도울 수 있는 방법을 찾기 위
해 의료진이 모여 회의를 한 결과, 방문 진료 및 방문 간호 서비스는 격
주로 제공하되 24시간 대응하기로 했으며 방문 요양서비스는 하루에
두 번 제공하기로 했습니다.

재택 호스피스 완화 케어를 시작하고 나서 웃음을 되찾은 그는 이
렇게 말했습니다.

"눈은 보이지 않아도 내 집이라면 어디에 뭐가 있는지 잘 알기 때문
에 기어서라도 화장실에 갈 수 있고 요양보호사분이 맛있는 밥도 만들
어주시니 이만하면 혼자서도 지낼 만합니다. 이웃에 사는 할머니도 자
주 찾아와줘서 편히 잘 지내고 있어요."

그러던 어느 날, 갑자기 허리 통증이 심해져 전혀 거동을 못하게 됐
습니다. 넘어진 것도 아닌데 침대에서 내려올 수 없게 된 것입니다.

저는 불필요한 입원은 권하지 않습니다. 하지만 통증의 원인을 밝
히기 위해서는 병원에서 정밀 검사를 받아야 한다고 판단했기 때문에
그에게 입원을 권했습니다. 그런데 그는 완강히 거부했습니다.

"앞이 안 보이는 저에게 병원은 익숙한 곳이 아니라서요. 전 집이
편합니다. 입원은 하고 싶지 않아요. 입원해야 한다면 왜 아픈지 몰라

도 상관없습니다. 아프지만 않게 해주세요."

하는 수 없이 진통제를 처방했지만 역시 효과가 없었습니다. 그래서 재차 설득했습니다.

"여러 진통제를 처방했지만 전혀 효과가 없네요. 통증의 원인은 여러 가지가 있는데 환자분의 경우는 암이 뼈로 전이돼서 통증이 없어지지 않는 것 같아요. 이대로 놔두면 죽을 때까지 통증에 시달리시게 됩니다. 하지만 암이라는 진단을 받으면 모르핀을 처방해 통증을 조절할 수 있으니 병원에 가서 CT(컴퓨터 단층촬영)를 찍어보는 게 좋겠어요. 그러려면 병원에 가셔야 합니다."

병원에서 검사를 하자 예상한 대로 암이 골반으로 전이된 상태였습니다. 의사는 전신 검사를 해보자고 제안했지만 그는 집으로 가고 싶다며 완강히 거부했습니다. 그에게는 모르핀을 처방받을 수 있는 '암'이라는 진단명만 필요했던 것입니다. 애초에 검사받을 생각이 없었던 것입니다.

하지만 병원은 통증의 원인을 밝혀서 치료하는 곳입니다. 암이 전이된 환자를 치료도 하지 않고 퇴원시킬 수는 없는 것입니다. 곤란해진 의사가 저에게 전화를 걸었습니다.

"오가사와라 선생님, 가와이 씨가 퇴원하고 싶다고 하시는데 어떻게 해야 할까요?"

"환자분이 원하시는 대로 해주세요."

퇴원했다는 연락을 받고 왕진을 나간 저는 그에게 한마디 던졌습니다.

"암이라서 다행이네요. 이젠 통증을 조절할 수 있겠어요."

"네, 저도 암이라서 다행이라고 생각해요."

말기 암 진단을 받은 그는 모르핀을 투여하면서 통증이 조절되자 웃음을 되찾았습니다. '역시 집이 최고'라는 말을 달고 살던 그는 먼저 세상을 떠난 남편의 사진을 보여주면서 옛날이야기를 해주곤 했습니다.

눈과 귀가 먼 그는 냄새, 낌새, 어렴풋이 들리는 소리, 피부에 닿는 감촉 등으로 정보를 얻기 때문에 저나 간호사가 그의 집을 방문할 때는 으레 먼저 손을 잡습니다. 누가 왔는지를 확인시켜주기 위해서입니다. 진료를 하기 위해 가와이 씨 집을 찾아간 그 날도 제가 손을 잡자 그는 이렇게 말했습니다.

"아, 이 손은 오가사와라 선생님 손이죠?"

"맞습니다. 제 손이에요."

"살이 좀 찐 것 같은데요."

"그래요? 제가 살이 쪘나요?"

"하하하."

둘이 함께 웃었습니다.

"가와이 씨, 아직 통증이 있는 거 같으니 붙이는 진통제를 추가로 처방해드릴게요. 통증이 줄어들 테니 안심하세요. 자, 새끼손가락 걸고 약속해요."

이렇게 말하며 그와 새끼손가락을 걸었습니다. 손만 잡고도 저라는 것을 아는 사람은 눈이 안 보이는 그뿐일 것입니다.

앞이 안 보이는 그에게 응급 상황이 발생했을 때 병원으로 연락할 수 있도록 터치패널식 화상전화기를 도입했습니다. 손가락을 터치패널식 화상전화기에 대면 24시간 대응해주는 요양사업소로 연결됩니다. 한 달 이용료는 1,610엔이며 긴급출동서비스 이용료는 1회 580엔입니다(2006년 기준).

"이게 있으니 든든하네요. 특히 밤에 혼자 있을 때나 무슨 일이 생겼을 때 언제든 전화할 수 있어서 마음이 든든하고 안심이 됩니다. 한 번은 화상 통화를 하고 있는데 눈물이 뚝뚝 떨어지지 뭐예요. 근데 전화기 건너편에서 그 작은 눈물도 보이는 것 같더라고요. 제 눈물까지 볼 수 있다고 생각하니 더 마음이 놓이더라고요."

그는 화상전화기 덕분에 더욱 안심할 수 있었습니다. 혼자 사는 환자가 마지막 순간까지 집에서 평온하게 지내기 위해서는 통증을 해결하고 통증에 대한 불안감을 해소하며 마음을 편히 가져야 합니다.

그리고 환자를 돌보는 시스템도 필요합니다. 재택의료는 다양한 직종의 사람들이 서로 협력해 환자를 돌보는 시스템입니다. 오가사와라 내과에서는 THP+ 애플리케이션을 이용해 환자의 정보를 공유함으로써 의료 실수가 일어나지 않도록 하고 있습니다.

THP+를 이용하는 방법은 매우 간단해 패스워드만 알고 있다면 컴퓨터, 스마트폰, 태블릿 PC 등에서 언제 어디서든 확인할 수 있습니다.

패스워드는 환자나 가족이 허락한 사람에게만 알려주기 때문에 안심하고 이용할 수 있습니다.

또 THP+를 통해 언제 어디서든 방문 간호 기록과 간병 기록, 왕진 기록, 그리고 처방전을 확인할 수 있습니다. 환자의 사진도 올릴 수 있기 때문에 환자와 떨어져 사는 가족들도 안심할 수 있습니다. 환자의 가족이 자신의 의견이나 희망사항을 올리기도 하고 환자가 세상을 떠난 후에 고인에 대한 그리움을 담은 편지를 올리기도 합니다.

THP+를 이용해 재택 호스피스 완화 케어를 시행하는 과정에서 이런 일도 있었습니다. 요양보호사가 올린 정보를 통해 가와이 씨가 전혀 음식을 먹지 못하고 있다는 사실을 알고 바로 영양제를 주사한 적도 있습니다. 이번 사례에서 소개한 THP+와 터치패널식 화상전화기는 세계적인 뉴스가 되기도 했습니다.

그는 처음 왕진을 나간 날로부터 8년 후, 그리고 암이 뼈로 전이된 날로부터 3년 후인 2014년에 자택에서 평온한 죽음을 맞이했습니다. 그는 눈과 귀가 멀고 걸을 수 없더라도 병원이 아닌 자신의 집에서 지내다 마지막 길을 떠나고 싶어 했습니다. 집에는 자신이 살아온 역사가 있습니다. 집에 있는 것만으로도 몸과 마음이 따뜻해지고 살아갈 희망과 용기가 생긴다면 그곳이야말로 이상적인 임종 장소가 아닐까요?

치매에 걸렸지만
집에서 떠나고 싶지 않다

●

우에무라 나쓰코 (82세 여성)

병명: 고혈압, 치매(요양 등급 2등급)

가족: 혼자 산다

●

이번에는 홀로 사는 치매 환자의 애절한 인생 이야기를 소개합니다. 우에무라 씨는 1991년부터 오가사와라 내과를 꾸준히 다닌 환자였습니다.

2005년에 접어들면서 치매 증상이 심해져 더 이상 통원 치료를 받을 수 없게 돼 재택 호스피스 완화 케어를 시작했습니다. 그런데 동네를 배회하는 일이 잦아져 이대로 혼자 사는 것은 위험하다고 판단했습니다. 요양보호사, 케어 매니저와 상의해 노인복지시설에 입소할 것을 권하기로 했습니다. 2006년 어느 날의 일이었습니다.

"우에무라 씨, 노인복지시설에 입소하는 건 어떻게 생각하세요?"

그는 안색을 바꾸더니 이렇게 말했습니다.

"시설에 들어가느니 강에 뛰어들 거예요."

"왜 강에 뛰어드시는데요?"

"죽는 한이 있더라도 절대 시설에는 안 들어갈 거예요."

난처해진 저는 그의 조카에게 전화를 걸었습니다.

"치매 증상이 심해지셔서 동네를 배회하는 일이 많아졌습니다. 만약 이대로 놔두면 교통사고를 당하실 수도 있기 때문에 거처를 옮기는 문제에 대해 고민해봐야 할 것 같습니다."

"제가 성년후견인이 되어 책임질 테니 지금처럼 집에서 지내실 수 있게 해주세요."

입소는 포기하고 재택 호스피스 완화 케어를 계속 진행하기로 했습니다. 방문 진료를 시작한 지 4년이 지났을 무렵 그의 치매 증상은 더욱 심해졌지만 배회라는 이름의 산책을 매일 했기 때문인지 다리는 튼튼했습니다.

2009년 3월, 앞서 등장했던 우에노 치즈코 씨가 저와 함께 그의 집을 찾아갔을 때였습니다. 우에노 씨가 인사를 하고 질문을 해도 무슨 이유에서인지 아무 반응이 없었습니다.

그 자리에 모여 있던 사람들이 다 같이 사진을 찍게 됐는데 초면인 우에노 씨와 사진을 찍을 때만 굳은 표정을 짓고 자신을 챙겨주는 요양보호사와 사진을 찍을 때는 만면에 웃음을 가득 띠었습니다. 낯선 사람을 경계하며 미소조차 짓지 않는 것을 보면 치매 환자는 자신의 감정에 솔직한 사람일지도 모릅니다.

슬프게도 20년 동안 주치의였던 저도 기억하지 못했습니다. 제가 우에무라 씨의 가슴에 청진기를 대면 어디다 손을 대냐며 화를 내곤 했습니다. 청진기라는 것을 알게 되면 "아, 의사 선생님이군요" 하고 민망해하며 웃기도 했습니다.

"또 올게요."

"아니, 과부한테 뭐 하러 또 와요."

병원으로 돌아가기 위해 집을 나설 때마다 주고받는 대화입니다. 그는 이렇게 말하며 혼자서 히죽 웃곤 했는데 그의 말은 농담이 아니었습니다. 그렇게 말하는 데에는 이유가 있었습니다.

그의 남편은 결혼 후 1년 3개월 만에 전쟁터에 나가 돌아오지 않는 사람이 됐습니다. 전사 통지서와 함께 유골이 도착하고 나서야 남편이 이 세상 사람이 아니라는 것을 알았지만 그래도 계속 사랑하는 남편을 기다렸습니다. 그는 '60년 동안 지켜온 정조만이 인생의 자랑거리'라고 생각했기에 가슴에 청진기를 대거나 또 온다고 말하면 강한 거부 반응을 보인 것입니다. 그는 남편이 언제든 다시 돌아올 수 있도록 남편과의 추억이 가득한 집을 떠나고 싶지 않았던 것입니다.

2012년, 좋아하는 산책도 할 수 없게 된 그는 화장실도 기어서 다녔습니다. 매서운 추위가 몰아치던 어느 날에 성년후견인인 조카가 병원을 찾아왔습니다.

"선생님, 거동을 못하게 된 고모가 혼자 사시다가 잘못되기라도 하면 견딜 수 없을 것 같은데 무슨 방법이 없을까요? 특히 밤에 화장실에 가실 때가 가장 걱정됩니다. 예전에 시설 입소를 권했더니 목에 칼을 대고 거부하시더라고요. 고모가 그 정도로 집에 머물고 싶어 하신다면 마지막까지 집에서 지내실 수 있도록 도와드리고 싶습니다."

"그럼, 야간 세데이션을 시작하도록 하죠. 보통은 환자 본인에게 동의를 구한 후 진행해야 하지만 환자분은 치매에 걸리셨기 때문에 이해를 못 하실 거예요. 그런 경우에는 가족이나 대리인에게 동의를 구하고 있습니다."

"밤에 푹 주무실 수만 있다면 한시름 놓을 수 있을 거 같아요. 잘 부탁드리겠습니다."

조카의 동의를 얻어 '야간 세데이션'을 시작했습니다.

그로부터 한 달 후 우에무라 씨는 전혀 거동을 못하게 됐습니다. 성년후견인인 조카는 돈이라면 고모에게 충분히 있으니 24시간 돌볼 수 있는 사람을 구해달라고 요청했습니다.

나흘 후에 입주돌보미가 오기로 했습니다. 돌보미가 올 때까지는 24시간 순회형 방문 간병서비스를 받기로 했습니다. 24시간 순회형 방문 간병서비스란 1회 30분의 방문을 1일 6회 4시간 간격으로 하는 서비스입니다.

방문 간병서비스를 시작한 지 나흘째 되는 날에 오는 요양보호사는 그가 가장 좋아하는 사람이었습니다. 요양보호사가 새벽 0시에 그의 집을 찾아가자 평소와는 다르게 남편 사진을 걸어 둔 쪽으로 머리를 두고 누워 있었습니다. 요양보호사가 일을 마치고 집을 나서려고 할 때 그의 호흡이 멈췄습니다. 그는 자신이 좋아하는 요양보호사가 곁에 있을 때 생을 마감한 것입니다.

다음 날부터 입주돌보미가 오기로 돼 있었기 때문에 우에무라 씨가 생을 마감한 날이 요양보호사에게 이별을 고하는 날이었던 것입니다. 치매로 혼수상태에 빠진 그가 자신의 곁을 누가 지켜주는지 알 리가 없지만 좋아하는 요양보호사에게 마지막 인사를 하고 나서야 남편이 있는 곳으로 떠났다고밖에 생각할 수 없었습니다. 생명의 신비로움을 느낀 사례였습니다.

치매 환자를 돌보는 일은 매우 어렵기 때문에 환자를 돌보는 가족이 지치지 않는 것이 가장 중요합니다. 그래서 저는 치매 환자를 돌보는 가족에게 늘 이렇게 말합니다.

"치매 환자에게는 난폭한 행동, 피해망상 등의 증상이 나타나기 때문에 환자를 돌보는 일이 쉽지만은 않습니다. 때때로 화가 날 때도 있을 거예요. 하지만 정작 본인은 자신이 무슨 일을 하고 있는지 이해하고 행동하는 것이 아니기 때문에 왜 화를 내는지 알지 못합니다. 치매 환자는 급속하게 노화가 진행되기 때문에 아기처럼 먹으면 안 되는 것을 입에 넣거나 어린아이처럼 장난을 치거나 길을 잃고 배회하기도 합니다. 몸은 멀쩡한 채 인지 기능만 떨어져 가는 환자를 보면서 속상한 마음에 윽박지르거나 화를 낼 수도 있을 겁니다. 조금은 마음의 여유를 갖고 돌보는 것이 중요합니다. 지치기 전에 망설이지 말고 간호사나 요양보호사의 도움을 받도록 하세요. 환자를 돌보는 사람은 자기 자신도 돌봐야 합니다."

치매 환자에게도 생각은 있습니다. 치매라고 해서 모든 걸 잊어버리는 것은 아닙니다. 우에무라 씨처럼 소중한 사람, 보고 싶은 사람은 마음속에 새기는 것이 아닐까요?

눈에 보이지 않는 생명, 살아 숨 쉬는 생명이 스스로 떠날 때를 선택하는 신비로움을 경험한 사례였습니다.

| 우에무라 씨가 사망하기 전 3개월 간 지출한 본인부담금 |

		1월(31일분)	2월(28일분)	3월(17일분)
건강보험	의사	64,480엔	67,670엔	200,920엔
	약제비	14,200엔	12,200엔	11,600엔
	간호사			61,300엔
	소계	78,680엔	79,870엔	273,820엔
	본인부담	7,860엔	7,980엔	8,000엔
간병보험	간호사	9,710엔	31,000엔	
	요양보호사	296,290엔	275,000엔	227,380엔
	재택 요양관리료	2,900엔	2,900엔	2,900엔
	소계	308,900엔	308,900엔	230,280엔
	본인부담	30,890엔	30,890엔	23,028엔
자비	요양보호사	36,820엔	42,310엔	
	교통비			150엔
	사망진단서 발급비 등			20,000엔
	소계	36,820엔	42,310엔	20,150엔
합계		424,400엔	431,080엔	524,250엔
실제 본인부담금		75,570엔	81,180엔	51,178엔

※건강보험의 본인부담분은 75세 이상 고령자 의료한도액적용 · 표준부담액감액 인증서를 소지하는 경우
에는 한 달에 8,000엔이 한도(2006년 기준).

"세상에서 가장 행복하다"는
엄마의 마지막 말

●

도다 시즈코(78세 여성)

병명: 호흡부전, 비결핵성 마이코박테리아질환

가족: 혼자 산다

●

이번 이야기는 도다 씨가 사망하기 5년 전, 그의 남편이 재택 호스피스 완화 케어를 받으며 자택에서 생을 마감한 때부터 시작합니다.

    췌장암 환자였던 그의 남편은 집에서 생을 마감하고 싶다며 재택 호스피스 완화 케어를 받았습니다. 그 당시에는 도다 씨가 자영업을 하면서 남편을 돌보고 있었습니다. 남편은 집에서 생을 마감할 수 있었다는 기쁨과 아내에 대한 고마운 마음을 담아 "세상에서 가장 행복하다"는 글을 종이에 남기고 머나먼 여행을 떠났습니다.

그의 남편이 세상을 떠난 지 5년 만에 근처에 사는 딸이 병원을 찾아왔습니다.

"선생님, 엄마가 호흡부전으로 혼자서는 병원을 다니실 수 없는 상태인데도 아빠처럼 병원에 입원하지 않고 집에서 지내고 싶다고 하셔서 찾아왔습니다. 재택 호스피스 완화 케어 덕분에 아빠는 정말 행복한 임종을 맞이하셨다고 생각하지만 엄마는 곁에서 돌봐줄 사람이 없기 때문에 너무 걱정됩니다."

"걱정하지 마세요. 혼자서도 마지막까지 집에서 지내실 수 있으니까요. 통증도 해소되기 때문에 좋아하는 일을 하며 즐겁게 보내실 수 있습니다. 게다가 어머님은 아버님과의 추억이 깃든 집을 떠나고 싶어 하지 않으시잖아요. 그렇다면 그 소원을 들어드리는 게 가장 중요하지 않을까요? 어머님이 입원을 원하신다면 언제든지 가능하니까 안심하세요."

딸의 동의를 얻어 재택 호스피스 완화 케어를 시작했습니다. 산소 호흡기를 달고 있던 그는 통증이 심해지면 모르핀을 투여해 고통 없이 지낼 수 있었습니다.

재택 호스피스 완화 케어를 시작한 지 1년이 지났을 무렵 그는 건망증이 심해지는 등 치매 증상을 보였습니다. 그로부터 1년이 더 지난 뒤에는 각혈을 동반한 폐렴에 걸리면서 상태가 더욱 악화됐습니다. 그는 거동이 불편해져 화장실도 기어서 다녔습니다.

엄마가 침대에서 내려올 수 없게 되자 딸은 이대로 집에 있으면 안

될 것 같은 불안감에 시달렸습니다. 그런데 거동을 못하게 된 지 이틀째 되던 날의 일이었습니다. 그는 병문안 온 딸에게 이렇게 말했습니다.

"세상에서 가장 행복하게 해줘서 고마워. 이제 죽어도 여한이 없다."

엄마의 말을 믿을 수가 없었다고 합니다. 언젠가 그의 딸이 저에게 이런 이야기를 해준 적이 있습니다.

"세상에서 가장 행복하다는 엄마의 말을 듣고 너무 기뻤습니다. 저도 엄마한테 낳아줘서 고맙다는 말을 처음으로 할 수 있었고요."

거동을 못하게 된 지 나흘 후 도다 씨는 가족이 지켜보는 가운데 평온한 죽음을 맞이했습니다.

"엄마가 집에서 임종을 맞이한 걸 자랑스럽게 생각합니다."

삼우제를 치른 후 병원을 찾아온 딸의 얼굴에는 슬픈 기색이 전혀 없었습니다. 오히려 행복해 보였습니다.

혼자 사는 환자가 집에서 임종을 맞고 싶어 해도 대부분의 가족은 혼자 산다는 이유로 반대합니다. 가장 큰 이유는 '밤에 혼자 있을 때 죽으면 어떡하지'라는 불안감 때문일 것입니다. 홀로 살다 죽으면 고독사라고 걱정하는 분도 많습니다.

하지만 잠시 생각해보세요. 병원에서 죽으면 고독사가 아닌가요? 너무 고통스러운 나머지 신음소리라도 내면 간호사가 알아차릴지도 모릅니다. 만약 죽기 전에 응급 상황임을 직감한 의사가 도착한다면 연명치료를 받게 될 것입니다. 그것은 살기 위한 치료가 아닙니다. 가족이 도착할 때까지 생명을 연장하기 위한 처치에 불과하며 마지막까지 환자에게 고통을 안겨줄지도 모릅니다.

만약 본인이 머무르고 싶어 했던 공간인 집에서 아무도 곁에 없을 때 죽는다면 그것은 고독사가 아니라 자신이 원하는 죽음, 만족하는 죽음, 납득하는 죽음을 맞이한 것이라고 생각할 수 있지 않나요?

죽음 자체보다는 어떤 죽음을 맞이하느냐가 중요합니다. 그리고 생을 마감한 환자는 물론 남겨진 가족도 만족하는 선택을 해야 합니다. 그것이 가능할 때 도다 씨 모녀처럼 떠나는 사람도 떠나보내는 사람도 만족하는 죽음을 경험할 수 있을 것입니다.

마음 편한 곳에서
마지막까지 살고 싶다

●

다니 히데코(65세 여성)

병명: 유방암, 다발성 뼈 전이

가족: 혼자 산다

●

이번에는 정든 집을 떠나 오가사와라 내과 근처로 이사한 다니 씨의 이야기를 소개합니다.

다니 씨는 자신의 고향인 아이치현 나고야시에 있는 병원에서 입·퇴원을 반복하며 유방암 치료에 매달렸지만 효과를 보기는커녕 암이 뼈로 전이돼 심한 통증에 시달리고 있었습니다. 그러던 중 예전에 텔레비전 방송을 보고 알게 된 재택 호스피스 완화 케어에 대해 좀 더 자세히 알고 싶다며 저희 병원을 찾아왔습니다.

"선생님, 저는 병원에 있으면 가슴이 너무 답답해요. 생기 없는 눈에 고통스러운 표정을 짓고 있는 환자들을 보면 저도 언젠가 저 환자들처럼 고통스러워하다가 죽겠구나 싶어서 입원은 안 하고 싶습니다."

"그랬군요. 병원의 답답한 공기보다는 바깥 공기가 맛있긴 하죠."

"맞아요. 예전에 선생님께서 방송에 나와 재택 호스피스 완화 케어에 대해 말씀하시는 걸 본 적이 있는데 저도 고통 없이 즐겁게 지낼 수 있을까요? 저도 집에서 평온하게 마지막을 맞고 싶습니다."

"당연하죠. 환자분도 즐겁게 지내실 수 있습니다."

"근데 나고야시에 있는 집에서 병원까지 꽤 시간이 걸리더라고요."

"좀 멀긴 하네요. 환자분 집 근처에 있는 병원의 도움을 받아 재택 호스피스 완화 케어를 해도 되니 안심하세요."

"고맙습니다. 만약 선생님 병원 근처로 이사를 오게 되면 제 주치의가 돼주실 수 있나요? 혼자 살고 있기 때문에 마음만 먹으면 언제든 이사할 수 있거든요."

"물론이죠."

그는 오가사와라 내과에 근무하는 간호사와 함께 방을 구하러 다녔습니다. 병원 근처에 마음에 드는 아파트를 발견하고는 임대차 계약을 맺었습니다. 그런데 그는 아파트를 계약하고 나서도 계속 이사를 미루고 있었습니다.

"선생님, 아파트를 계약하고 나니 한결 마음이 놓이네요. 이사에 대한 걱정도 사라졌으니 당분간 이사는 미루고 통원하면서 재택 호스피스 완화 케어를 받아도 될까요?"

그는 집에서 한 시간 걸리는 병원을 다니며 재택 호스피스 완화 케어를 받았습니다. 한 달에 한 번 조메타주사액과 약을 처방하고 심리 치료를 병행하자 통증이 사라진 것은 물론 미소도 되찾을 수 있었습니다.

치료를 시작한 지 1년 5개월이 지났을 무렵 그가 갑자기 이런 말을 했습니다.

"실은 오래 전부터 탈장으로 고생하고 있었는데요. 어차피 죽을 목숨이라고 생각해 그냥 놔뒀거든요. 근데 이제 몸도 많이 좋아졌으니 수술을 받을까 해요."

"그렇게 어려운 수술은 아니니 걱정하지 않으셔도 될 거예요."

다니 씨는 탈장 수술을 하기 위해 나고야시에 있는 병원에 입원했습니다. 그런데 수술 후 속이 메슥거리고 배가 아파 왔습니다. 원인을 찾기 위해 위 내시경을 찍자 4기 진행성 스킬스 위암이 발견됐습니다. 그는 자신이 말기 암이라는 사실에 충격을 받았지만 입원치료를 거부했습니다. 암이 발견된 지 3개월이 지난 어느 날, 그는 이렇게 말하며 이사를 했습니다.

"선생님, 요즘 들어 음식이 목으로 넘어가질 않네요. 게다가 복수가 차서 배는 빵빵하고 통증도 점점 심해지고 있습니다. 한 시간이나 걸리는 병원을 다니는 것도 힘들고 해서 1년 반 전에 계약한 아파트로 이사를 할까 해요. 이사하면 저희 집으로 왕진을 오실 수 있나요?"

재택 호스피스 완화 케어를 시작하고 한 달쯤 지났을 때 그가 이런 질문을 했습니다.

"선생님, 저에게 시간이 얼마나 남았나요?"

"글쎄요. 갑자기 상태가 악화됐기 때문에 3개월을 넘기기 힘드실 것 같아요."

"알겠습니다. 장례 준비를 미리 해놔야 할 것 같네요. 가족이라고 해봐야 저하고 오빠가 전부인데 오빠한테 부담주기 싫어서요."

- 아파트를 나갈 때는 남의 눈에 띄지 않도록 가리개 등으로 덮는다.
- 집을 떠날 때는 검은 차를 태운다.
- 장례식은 생략한다.
- 시신을 화장 후 납골한다.
- 유언장을 남긴다.

다니 씨는 누구에게도 짐이 되고 싶지 않다며 자신의 장례 준비를 직접 했습니다.

모든 준비를 마치고 마음이 가벼워진 그는 매화꽃이 필 무렵에 마지막 생일을 맞이했습니다. 그의 생일을 축하해주기 위해 의사와 간호사가 열 명 정도 모였습니다. 꽃다발을 건네고 축하 노래를 불러준 뒤 한 시간 정도 담소를 나눴습니다. 병원으로 돌아가려고 일어서려는데 그가 우리들에게 감사의 말을 전했습니다.

"고맙습니다. 여기 계신 분들의 도움이 없었다면 집에서 편히 지낼 수 없었을 거예요. 특히 간호사분들에게 많은 도움을 받았습니다."

3월 말이 되자 복수를 빼는 횟수가 늘었습니다.

"복수가 차면 배가 빵빵해서 아무것도 먹을 수가 없어요. 근데 복수를 빼고 맥주를 마시면 속이 뻥 뚫리는 기분이에요. 선생님, 오늘 같이 한 잔 하실래요?"

둘이 옛날이야기를 하면서 건배를 했습니다.

"제가 스물다섯에 이혼을 했는데요. 이혼하자마자 유방암에 걸려 수술을 했거든요. 그때부터 여자로서의 삶은 포기하고 죽어라 일만 해서 돈도 많이 모았어요. 근데 역시 혼자 마시는 맥주보다 둘이 마시는 맥주가 더 맛있네요."

며칠 후, 그의 집으로 왕진을 나가자 상기된 목소리로 이렇게 말했습니다.

"선생님, 제가 40년 만에 오라버니를 오빠라고 불렀지 뭐예요. 옛날로 돌아가 귀여운 여동생이 되고 보니 순수했던 어린 시절이 그리워지더라고요."

그의 행복해하는 표정을 보니 저도 기뻤습니다.

"다행이네요. 오빠께서도 좋아하셨죠."

"모두 선생님 덕분이에요. 저도 선생님처럼 누군가를 도울 기회가 있었으면 좋겠어요."

"그렇다면 다니 씨의 삶을 많은 사람에게 소개하는 건 어떻게 생각 하세요?"

"제가 무슨 도움이 될까 싶었는데 그런 방법이 있었군요. 선생님께 서 도와주신다면 해보겠습니다."

그는 지금까지 살아온 과정과 지금의 심정을 이야기해줬습니다.

4월에 들어서 혼자서는 거동을 못하게 된 그가 이런 말을 말했습 니다.

"예전에 선생님께서 이야기해주신 밤에만 '잠자는 숲 속의 미녀'가 될 수 있을까요? 모아둔 돈도 있으니 24시간 도와주실 분도 소개해주 셨으면 해요."

24시간 돌봐주는 사람이 곁을 지키는 가운데 야간 세데이션을 진 행하자 그는 마음의 안정을 찾았습니다. 마음에 여유가 생겨서인지 잠 자리에 들기 전에 입주돌보미에게 얼음을 달라고 하고는 얼음이 참 맛 있다며 으드득으드득 소리를 내며 씹어 먹곤 했습니다. 그는 편히 쉴 수 있는 집에서 고통 없이 즐겁게 삶의 마지막 시간을 보냈습니다.

며칠 후 마음의 준비를 해야 할 것 같다는 이야기를 나누고 있는데 토털 헬스 플래너가 이런 제안을 했습니다.

"조금 있으면 벚꽃이 피겠네요. 환자분이 벚꽃을 보고 싶다고 하 신 적이 있는데 다 같이 보려가는 건 어떨까요? 꽃구경 계획을 짜볼까 요?"

"그거 좋네요. 근처에 구경할 만한 곳이 있나요?"

"집 근처에 초등학교가 있는데 벚꽃이 아주 예쁘게 피더라고요. 휠체어가 필요할 테니 빌려오겠습니다. 다 같이 휠체어를 들면 현관 계단 정도는 내려갈 수 있을 거예요."

드디어 다 함께 꽃구경을 가는 날이 왔습니다.

"와, 정말 예쁘게 폈네요."

다니 씨는 활짝 핀 벚꽃을 향해 두 손을 뻗으며 소리를 질렀습니다. 그날의 활짝 웃는 모습을 지금도 잊을 수 없습니다. 꽃이 진 며칠 후 그는 재택 호스피스 완화 케어를 받기 위해 빌린 아파트에서 평온한 죽음을 맞이했습니다.

그가 사망한 후 그의 뜻에 따라 장례 절차를 진행했습니다. 하지만 장례식을 생략하라는 그의 유언은 지켜지지 않았습니다. 여동생의 죽음을 안타까워한 오빠가 소박한 장례식을 치러줬기 때문입니다. 남겨진 가족으로서 당연한 마음이 아닐까 싶습니다.

다니 씨의 오빠는 여동생이 떠난 지 1년이 되는 날에는 절을 찾아가 고인의 극락왕생을 기원하기도 했습니다. 동생을 잃은 슬픔을 치유하면서 생로병사라는 자연의 섭리에 순응하는 삶을 살아가리라 봅니다.

재택 호스피스 완화 케어의 재택은 집을 말합니다. 여기에서 말하는 집은 오랫동안 살아온 곳만은 말하는 것은 아닙니다. 새로 구한 집이든, 시설이든 상관없이 평온한 죽음을 맞을 수 있는 곳이라면, 자신

156

만의 안식처라고 생각할 수 있는 곳이라면 그곳이 그 사람에게 편히 쉴 수 있는 공간 즉 집이 되는 것입니다. 생의 마지막 순간을 보내고 싶은 곳에서 살 수 있다면 그보다 행복한 일을 없을 것입니다.

자신이 태어난 곳의 '곳'이란 무슨 동 몇 번지 몇 호와 같은 주소로 표기됩니다. 죽는 곳의 '곳'이란 마지막 임종을 맞이하는 곳을 말합니다. '머물 곳이 정해지면 마음을 정할 수 있다'의 '머물 곳'이란 마치 천국이나 극락에 있는 것처럼 마음이 맑아지는 곳을 뜻합니다. 천국은 멀리 있는 것이 아니라 바로 우리의 삶 속에 있습니다. 그렇기 때문에 바로 자신의 삶 속에 행복한 죽음 또한 있다고 저는 생각합니다.

모두의 협력이
필요하다

●

야마기타 후사에(94세 여성)

병명: 심부전, 심방세동, 심장박동기를 이식함

가족: 혼자 산다

●

지금까지 말씀드린 것처럼 생의 마지막 순간을 집에서 평온하게 웃으며 지내기 위해서는 다양한 직종의 전문가들이 서로 협력해야 합니다. 이번에는 재택 호스피스 완화 케어를 시행할 때 실제로 어떤 형태로 협력이 이뤄지는지를 소개하겠습니다.

2016년 6월 27일, 야마기타 씨의 딸이 병원을 찾아왔습니다.

"선생님, 오연성 폐렴으로 입원한 엄마가 퇴원하고 싶다고 하시는데 어떻게 해야 할까요? 폐렴은 완치됐지만 병원 생활이 길어지는 바람에 거동이 불편해지셨거든요. 퇴원하면 돌봐줄 사람도 없는데 괜찮을까요?"

"당연히 되죠."

야마기타 씨는 다음 날 퇴원하자마자 데이서비스(Day service)센터에 다니기 시작했습니다. 데이서비스란 몸이 불편한 고령자가 노인복지시설 등에 찾아가 식사, 목욕, 일상동작훈련 등의 서비스를 제공받는 것입니다. 수다를 좋아하는 그는 주 4회 데이서비스, 1일 1회 요양서비스, 주 1회 방문 간호서비스, 월 2회 방문 진료서비스를 통해 매일 누군가와 이야기를 나눌 수 있게 되자 하루하루를 즐겁게 보냈습니다.

그런데 퇴원하고 2개월이 지났을 무렵 오연성 폐렴이 재발하고 말았습니다. 하지만 그는 입원을 거부했습니다. 여러분은 오연성 폐렴에 걸리면 무조건 입원해야 한다고 생각하나요? 실은 오연성 폐렴은 입원하지 않아도 되는 병입니다. 음식을 삼키는 동작을 연하라고 합니다. 대부분의 오연성 폐렴은 음식을 연하할 때 기관지로 잘못 들어가 타액과 함께 폐로 흘러가면서 생깁니다.

오연성 폐렴에 걸리면 병원에서는 기본적으로 항생물질만을 처방합니다. 항생물질은 타액 속 세균에는 효과가 있지만 이물질에 의한 염증에는 효과가 없습니다. 게다가 염증을 억제하는 데 효과적인 부신피질호르몬을 장기간 복용하면 면역력이 떨어집니다. 입원 중인 환자에게는 원래 항염증 작용이 강한 부신피질호르몬제를 처방하는 경우가 많아 오연성 폐렴 환자에게는 처방을 자제하고 있습니다. 그래서 오연성 폐렴이 완치될 때까지 2주일이나 걸리는 것입니다.

그러나 재택 호스피스 완화 케어를 받는다면 1주일이면 완치될 수 있습니다. 왜냐하면 이물질에 의한 염증이 발생했을 때부터 항생물질과 항염증 작용이 강한 부신피질호르몬제제인 솔루메드롤을 병용 처방하기 때문입니다. 염증을 가라앉히는 약은 그 외에도 많지만 2장에서 설명했듯이 저는 솔루메드롤이 가장 효과적인 약이라고 생각합니다.

그의 가족에게 '입원하면 2주일, 재택 호스피스 완화 케어라면 1주일'이라고 설명하자 재택 호스피스 완화 케어를 선택했습니다. 매일 주사액을 투여하기 위해 방문 간호사가 그의 집을 찾아갔고 재활치료를 위해 언어치료사도 합류했습니다. 언어치료사(Speech-Language-Hearing Therapist)란 언어장애나 삼킴장애가 있는 사람을 상대로 지도하고 훈련시키는 재활치료 전문가입니다.

오가사와라 내과의 언어치료사는 저서를 출간할 정도로 재활 분야에 정통한 사람입니다. 언어치료사가 야마기타 씨의 삼킴 기능을 회복시키기 위해 재활훈련을 실시했습니다. 그리고 그의 가족과 방문 간호사에게도 훈련 방법을 전수해 환자를 돕도록 했습니다. 그는 재활치료를 통해 다시 음식을 먹을 수 있게 됐습니다.

그런데 이번에는 욕창이 생기고 말았습니다. 욕창은 오랜 시간 누워 지내거나 영양상태가 좋지 않은 환자의 등이나 엉덩이가 짓무르면서 생기는 병입니다.

어느 날 케어 매니저가 THP+에 다음과 같은 글을 올렸습니다.

'피부가 박리됐기 때문에 데이서비스센터에서 필름을 붙이는 처치를 했습니다.'

케어 매니저가 올린 글을 확인한 토털 헬스 플래너가 아침 회의 시간에 야마기타 씨의 욕창을 의제로 올려 상처장루실금 전문 간호사(Wound, Ostomy, Continence Nurse)에게 다음과 같이 지시했습니다.

'방문 간호서비스를 제공할 때 욕창 치료에 대한 평가를 해주세요. 욕창에 대한 처치에 대해서도 검토해주세요.'

상처장루실금 전문 간호사란 피부나 배설 문제를 가진 환자를 돌보는 전문 간호사를 말하며 욕창, 창상, 인공항문, 실금 등에 대한 전문 지식과 기술을 가지고 있습니다. 그래서 상처장루실금 간호사의 자격을 가진 방문 간호사가 그에게 방문 간호서비스를 제공할 때 욕창 치료에 대한 평가를 했습니다.

'야마기타 씨의 욕창에는 듀오액티브 필름(Duoactive, 창상피복제)을 붙이는 편이 나을 것 같습니다. 환자분의 침대가 조금 딱딱한 거 같으니 압력이 분산되는 침구로 바꾸는 것이 좋겠습니다. 영양 상태도 좋지 않기 때문에 영양관리사를 투입할 필요가 있습니다.'

상처장루실금 전문 간호사의 보고를 받고 의사, 간호사, 영양관리사를 포함한 NST팀(Nutrition Support Team, 영양 지원 팀)이 새롭게 투입됐습니다. 야마기타 씨처럼 고령에 식사량이 적은 환자는 영양관리를 제대로 하지 않으면 욕창이 잘 낫지 않는 경우가 많습니다. 하지만 상처장루실금 전문 간호사의 욕창 처치와 침구 변경, 영양관리사의 영양관리를 통해 욕창은 완치됐으며 다시 재발하는 일은 없었습니다.

그 외에도 치과 의사, 치위생사가 팀에 합류하는 경우도 있습니다. 치매나 고령으로 인해 목 근육이 약해진 환자는 누워 있는 동안에 타액이 기관지로 들어가게 되면 그대로 기관지에 머물게 되면서 세균이 번식해 오연성 폐렴을 일으키기도 합니다.

하지만 자주 이를 닦거나 치위생사가 구강케어를 해주면 오연성 폐렴을 예방할 수 있습니다. 환자 스스로 치과에 가지 못하는 경우에는 치과 의사와 치위생사가 환자 집을 방문해 방문 간호사와 협업할 수도 있습니다. 구강케어를 함으로써 오연성 폐렴을 예방하는 것은 환자의 고통을 덜어줄 뿐만 아니라 의료비 절감 효과도 있기 때문에 치과와의 협업은 매우 중요하다고 생각합니다.

12월에 막 들어섰을 때였습니다. 야마기타 씨에게 오연성 폐렴이 재발하고 말았습니다. 그에게 산소호흡기를 끼우고 주사액을 처방하며 재택 호스피스 완화 케어를 강화하자 조금씩 기력을 되찾았습니다. 데이서비스센터에도 다시 다닐 수 있게 됐습니다. 그러나 28일에는 마음의 준비를 해야 할 만큼 상태가 악화됐습니다. 그럼에도 데이서비스센터는 하루도 빠짐없이 다녔습니다. 토털 헬스 플래너가 데이서비스센터에 전화해 무슨 변고라도 생기면 구급차를 부르지 말고 오가사와라 방문 간호 스테이션으로 연락해달라고 부탁했습니다.

데이서비스를 받고 무사히 집으로 돌아온 다음 날 그의 임종이 임박했다는 소식을 듣고 딸, 손자, 증손자들이 한자리에 모였습니다. 하지만 정작 집주인은 외출 중이었습니다. 놀랍게도 세상을 떠나는 당일에도 데이서비스를 만끽했던 것입니다.

집으로 돌아온 그는 그 날 밤에 가족이 지켜보는 가운데 생을 마감했습니다. 홀로 살던 엄마가 마지막까지 집에서 편안히 지낼 수 있어서 좋았다며 웃는 딸, 임종을 지킨 가족들, 방문 간호사, 케어 매니저, 그리고 저. 이렇게 모두 모여 사진을 찍었습니다. 조금 전에 환자가 세상을 떠났다고는 생각할 수 없는 평온한 분위기를 느낄 수 있었습니다. 사진을 찍을 때 아직 죽음을 이해하지 못하는 어린 증손자가 손으로 하트 모양을 만드는 바람에 한바탕 웃음꽃을 피웠습니다.

아직은 가족이 세상을 떠나면 애통한 표정으로 눈물을 흘려야 하는 시대입니다. 하지만 떠나는 사람이 가족이 슬퍼하기를 바랄까요? 교통사고처럼 뜻밖의 사고로 인해 갑작스럽게 생을 마감하는 어이없는 죽음을 당한 경우에는 떠나는 사람도 떠나보내는 사람도 슬프고 안타까워 눈물을 흘릴 것입니다.

그러나 떠나는 사람이 만족하는 임종을 맞이했다면 이별의 슬픔은 있을지언정 웃는 얼굴로 떠나보낼 수 있지 않을까요? 그리고 그러한 임종을 맞이하기 위해서는 재택 호스피스 완화 케어에 관련된 전문가들의 팀워크가 중요한 역할을 한다는 사실을 배울 수 있는 사례였습니다.

4장
∙
∙

눈물 대신
웃음으로
떠나보낼 수 있다

밝고 다정한 엄마로
기억되다

●

미즈노 치에(66세 여성)

병명: 폐암, 뇌 전이(남은 수명 한 달)

가족: 둘째 딸과 같이 산다(낮에는 간병인 없이 혼자 지낸다)

●

환자가 세상을 떠나면 고인을 앞에 두고 흐느껴 우는 가족이나 '얼마나 힘들고 고통스러웠을까' 하고 안타까운 심정을 드러내는 가족들을 자주 보곤 했습니다. 병원에서는 당연한 풍경이었습니다. 이번에는 눈물 대신 웃으며 고인을 떠나보낸 가족의 이야기를 소개합니다. 고인이 숨을 거둔 직후에 웃는 얼굴로 브이 포즈를 취하며 사진을 찍는 가족을 보면서 충격을 받았던 사례이기도 합니다.

미즈노 씨는 폐암이 뇌로 전이돼 1개월 시한부 선고를 받았습니다.

167

그 소식을 듣고 오키나와로 시집간 맏딸이 병원으로 한달음에 달려왔습니다. 병실에 들어서자 침대 난간에 기대어 통증으로 고통스러워하는 엄마의 모습이 눈에 들어왔습니다. 맏딸은 오랜만에 만난 엄마의 변해버린 모습에 '늘 다정하고 온화했던 엄마가 어쩌다가 이런 몰골이 됐는지'라는 충격에 휩싸이면서도 어떻게든 엄마의 고통을 덜어줘야겠다는 생각에 여동생과 상의해 병원을 옮기기로 했습니다.

둘째 딸이 수소문 끝에 한 병원을 찾아가자 암 전문 간호사가 이렇게 말했습니다.

"저희 병원보다는 오가사와라 내과에서 재택 호스피스 완화 케어에 대한 상담을 받아보는 게 좋을 것 같아요."

2009년 3월 23일, 오가사와라 내과를 찾아온 둘째 딸이 다짜고짜이렇게 물었습니다.

"선생님, 재택 호스피스 완화 케어라는 게 뭔가요?"

"재택 호스피스 완화 케어란 환자의 통증을 완화시켜줌으로써 남은 삶을 즐겁게 살다가 잠자듯 평온하게 임종을 맞게 하는 것입니다."

다양한 사례를 섞어가며 자세히 설명하자 둘째 딸이 말했습니다.

"선생님, 엄마가 암으로 너무 힘들어하세요. 어떻게든 통증에서 벗어나게 해주세요."

토털 헬스 플래너가 서둘러 퇴원 절차를 밟았습니다. 다음은 퇴원한 날부터 한 달 후에 생을 마감할 때까지의 경과입니다.

3월 24일: 퇴원. 재택 호스피스 완화 케어를 시작했습니다. 솔루메드롤과 모르핀을 처방하고 방문 간호사가 발 마사지를 해주자 통증이 가라앉았습니다.

3월 25일: 웃음을 되찾았습니다.

4월에 들어서자 그는 놀랄 만큼 기력을 회복했습니다.

4월 4일: 벚꽃이 활짝 핀 공원에 딸과 함께 산책을 나가 행복한 한때를 보냈습니다.

4월 10일: 왕진을 나가자 강아지를 안고서 행복한 듯 환하게 웃었습니다.

4월 21일: 잡초를 뽑거나 딸과 즐거운 수다를 나누면서 하루를 보냈습니다. 체력이 많이 떨어졌습니다.

4월 22일: 혼자서는 거동을 못하게 됐습니다.

4월 23일: 침대에서 내려올 수 없게 됐습니다.

4월 24일: 아침 9시 세상을 떠났습니다.

거동을 못하게 되기 전까지는 즐겁게 살다가 거동을 못하게 되면서 행복한 임종을 맞이한 것입니다.

미즈노 씨의 사망 소식을 듣고 왕진을 나가자 그의 딸이 이렇게 말했습니다.

"선생님, 정말 고맙습니다. 엄마는 조금 전에 눈을 감으셨어요."

눈가에 눈물이 맺힌 채로 웃으며 맞아주는 맏딸과 고인에 대한 이야기를 나눈 뒤 함께 사진을 찍으려고 했습니다. 그러자 맏딸이 밝게 웃으며 양손으로 브이 자를 그렸습니다. 너무 놀란 나머지 엉겁결에 이렇게 물었습니다.

"지금 뭐하는 거예요?"

"제가 사는 오키나와에서는 기쁠 땐 한 손으로 브이 자를 그리고 정말 기쁠 땐 양손으로 브이 자를 그리거든요. 그런데 엄마가 돌아가셨잖아요."

"어머님이 돌아가셨는데 기쁘다고요?"

"그게, 엄마가 1개월 시한부 선고를 받으셨잖아요. 근데 제가 곧 산달이라 1주일 후에는 오키나와로 돌아가야 하거든요. 병원에 누워서 귀신같은 몰골로 고통에 울부짖는 모습이 엄마의 마지막 모습일지도 모른다고 생각하니 너무 가슴이 아팠습니다. 엄마를 보고 싶어도 태교에 나쁠 것 같아 문병 가는 것도 망설여지더라고요. 엄마가 계속 병원에 계셨다면 고통 속에서 생을 마감하셨을 거예요. 하지만 퇴원하고 집에 오셔서는 옛날처럼 밝고 다정한 엄마로 돌아오셨어요. 집에 계신 한 달 동안 엄마도 우리도 행복한 시간을 보냈으니 이보다 기쁜 일이 어디 있겠어요?"

장례를 마친 후 오키나와로 돌아간 맏딸은 무사히 아이를 낳았습니다. 오가사와라 내과로 귀여운 아기 사진과 편지를 보내줬습니다.

선생님 덕분에 할머니 코를 쏙 빼닮은 아기를 무사히 낳을 수 있었습니다. 하늘에 계신 엄마도 첫 손자의 탄생을 기뻐하셨을 것 같아요.

이 책을 집필하게 되면서 8년 만에 둘째 딸과 통화를 했습니다. 전화 통화 후 이런 메일을 보내왔습니다.

지난 4월 24일은 엄마의 기일이었습니다. 엄마를 추억하며 기일을 보내고 있던 차에 선생님의 전화를 받고 깜짝 놀랐습니다.

지금 저에게는 병원에 계실 때 가냘픈 목소리로 살려달라고 외치던 엄마에게 해줄 수 있는 게 아무것도 없어서 너무 가슴 아팠던 기억보다는 재택 호스피스 완화 케어를 받으면서 불고기를 먹을 수 있을 정도로 기력을 회복했던 엄마의 웃는 모습이 더 생생합니다. 고통 속에서도 웃을 수 있는 추억을 만들 수 있었던 것은 모두 선생님 덕분입니다.

아이를 낳고 삶과 죽음에 대해 생각하는 일이 많아졌습니다. 집에서 평온하게 임종을 맞이한 엄마가 부럽기도 합니다.

커피 향을 맡으며
머나먼 여행을 떠나다

●

네기시 다카노리(60세 남성)

병명: 악성림프종, 다발성 뼈 전이, 간 전이, 췌장 전이, 악성림프종이 골수로 침윤

가족: 아내, 딸, 장모와 같이 산다

●

이번에는 암 환자가 항암치료를 중단하는 것이 얼마나 어려운 일인지를 깨닫게 해준 사례를 소개합니다. 어느 날, 아이치현에 사는 네기시 씨의 부인이 병원을 찾아왔습니다.

"선생님, 남편이 10년 동안 항암치료를 받았는데요. 이제 몸도 마음도 많이 지쳐서 항암치료를 계속 받기는 힘들 것 같아요. 앞으로 어떻게 해야 하나 고민하고 있는데 주치의 선생님이 오가사와라 선생님을 찾아가보라고 하시더라고요. 무슨 좋은 방법이 없을까요?"

"치료받느라 많이 힘드셨겠어요. 남편분이 항암치료를 중단하고 남은 삶을 행복하게 살다가 떠나길 원하신다면 도와드리겠습니다."

한 시간에 걸쳐서 재택 호스피스 완화 케어에 대해 설명하자 그의 부인이 진료실을 나서며 이렇게 말했습니다.

"말씀 잘 들었습니다. 남편이 항암치료를 계속할지 그만둘지 아직도 망설이고 있어서요. 남편하고 다시 상의해보겠습니다."

그로부터 며칠 후 그의 부인에게서 집으로 와달라는 전화가 왔습니다. 전화를 끊고 왕진을 나가자 네기시 씨가 침대에 누운 채 이렇게 물었습니다.

"재택 호스피스 완화 케어라는 게 도대체 뭔가요? 선생님, 저는 오래 살고 싶어요. 항암치료를 그만둘지 말지 결정을 못 내리겠습니다."

"재택 호스피스 완화 케어는 오래 오래 즐겁게 살다가 평온한 임종을 맞을 수 있도록 도와주는 의료서비스입니다. 주치의 선생님이 항암제를 사용하지 않는 게 좋겠다고 말했다면 항암제를 투여해도 효과가 없다는 이야기일 거예요."

"그런가요?"

"근데, 사진을 많이 걸어 두셨네요. 네기시 씨가 직접 찍으신 거예요?"

"그럼요. 우리 부부는 여행 다니며 사진 찍는 걸 좋아해서요. 여행지에서 찍은 사진들은 걸어놓고 있어요."

"사진 찍는 솜씨가 좋으신데요."

"사진을 보면서 아내가 내려준 커피를 마실 때가 제일 행복해요."

한 시간 정도 대화를 나누자 항암치료를 중단하기로 결심한 듯했습니다. 그 후 재택 호스피스 완화 케어를 시작한 그는 항암제로 인한 통증과 싸울 때와는 다르게 표정이 온화해졌습니다.

그런데 항암치료를 중단하고 2개월이 지났을 무렵 그에게서 전화가 걸려왔습니다.

"선생님, 오른쪽 손이 마비된 것 같아요. 혀도 오른쪽으로 돌아가 말을 하기도 힘들고 밥을 먹을 수도 없습니다. 이런 상태라면 병원에 입원하는 게 낫지 않을까요?"

"입원하시겠다면 의뢰서를 써드릴게요. 그런데 환자분의 증상을 들어보니 암이 뇌로 전이된 것 같아요. 수술이나 방사선 치료가 불가능하기 때문에 입원해도 의미가 없습니다. 힘드시겠지만 포기할 건 포기해야 합니다. 지금 집으로 찾아뵐까요?"

다음 날, 부인이 THP+에 이런 글을 올렸습니다.

어젯밤에 남편에게 포기하는 게 쉽지는 않겠지만 포기하지 않으면 앞
으로 나아갈 수 없다고 울면서 말하자 마음을 정한 것 같습니다.

치료 방법이 없다는 현실을 받아들이는 것은 정말 고통스러운 일입니다. 그러나 치료를 중단하자 그는 이왕이면 남은 삶을 즐겁게 살겠다고 결심할 수 있었습니다. 솔루메드롤과 마약성 진통제를 투여해

통증이 완화되자 그의 표정이 한결 밝아졌습니다.

어느 아침의 일이었습니다. 여느 때처럼 네기시 씨의 부인이 그가 좋아하는 커피를 들고 방에 들어가 그의 얼굴을 들여다보자 호흡이 멈춰 있었습니다. 부인이 내린 커피 향이 방 안을 가득 채웠습니다. 네기시 씨는 아내 곁에서 커피 향을 맡으며 삶의 마지막 시간을 보내다 평온한 임종을 맞이한 것입니다.

임종 후 두 시간 정도 지나 그의 집을 찾아가자 방문 간호사가 유족과 이야기를 나누고 있었습니다. 어제 내렸던 눈을 녹일 정도로 따스한 아침 햇살이 가득한 방에 들어가자 침대 위에 그가 누워 있었습니다.

"미소를 띤 얼굴을 하고 계시네요."

부인이 눈가에 눈물을 글썽이면서도 미소를 지었습니다.

"이렇게 평온하게 죽음을 맞이한 남편은 정말 행복한 사람인 것 같아요. 선생님, 남편을 돌봐주셔서 정말 감사했습니다."

"남편분이 좋아하는 커피 향을 맡으며 머나먼 여행을 떠나신 것 같아서 정말 다행이네요."

"남편이 떠난 걸 알았을 때는 슬펐지만 지금이 행복합니다."

"두 분의 행복한 모습을 사진으로 남기는 건 어떤가요?"

"사진이요? 잠깐만 기다려주세요. 화장을 해야 할 것 같아서요."

옆에 앉아 부인의 말을 듣고 있던 친정어머님이 이렇게 말하며 웃었습니다.

"80년 동안 살면서 브이 포즈 취하는 건 처음입니다."

할머니가 웃자 그의 딸도 울다가 웃으며 이렇게 말했습니다.

"눈물 때문에 얼굴이 엉망인데 엄마만 화장하면 어떡해."

가족을 위해서 조금이라도 오래 살고 싶다던 그는 여러 종류의 항암제를 투여하며 항암치료의 부작용을 견뎌왔습니다. 그 모습을 지켜보는 가족도 고통스러웠을 것입니다. 하지만 마지막은 집에서 재택 호스피스 완화 케어를 받으며 즐겁고 행복하게 살다가 머나먼 여행을 떠났습니다.

항암치료로 암이 완치될 가능성이 높은 환자에게는 항암제를 사용해야 합니다. 그러나 항암제가 효과가 없는데도 항암치료를 원하는 환자가 많은 것이 지금의 실정입니다.

항암제에 의존하는 환자는 크게 두 부류로 나눌 수 있습니다. 하나는 자신의 병세가 어떠한지 정확하게 파악하지 못한 채 항암제를 투여하면 완치된다고 믿는 환자이고 다른 하나는 희망이 없다는 것을 알면서도 뭔가에 의지하고 싶어 하거나 치료를 하지 않으면 불안하고 기적을 바라며 포기하지 못하는 환자입니다.

어느 쪽이든 효과가 없는 항암제를 선택하는 것은 비극입니다. 항암치료를 계속할지 말지 망설여질 때는 주치의에게 '만약 선생님의 가족이 저와 같은 상태라면 항암치료를 권하시겠어요?'라고 물어보면 어떨까요? 의사의 진심을 들을 수 있을지도 모릅니다.

좋아하는 노래를 듣자
생명이 되살아나다

●

노구치 도시카즈(81세 남성)

병명: 결장암, 간 전이

가족: 아내와 둘이 산다

●

시한부 환자들 중에는 조금이라도 생명을 연장하기 위해 병원에서 항암치료를 받으면서 민간요법을 병행하거나 종교에 의탁하는 사람들이 있습니다. 지푸라기라도 잡고 싶은 심정으로 이것저것 해보는 것입니다.

이번에는 항암치료와 민간요법을 병행한 환자의 임종 과정을 지켜보면서 느낀 생명의 신비로움을 전하고자 합니다.

2016년 7월 노구치 씨가 병원을 찾아와 이렇게 말했습니다.

"반년 전에 결장암 수술을 했는데 암이 간으로도 전이된 상태입니다. 항암제 투여량을 늘릴 수 없어서 대체요법이랄까, 아무튼 삼 주에 한 번 특수한 식사요법을 받으러 도쿄까지 다니고 있습니다."

 "멀리까지 가시네요. 주치의 선생님은 뭐라고 하시나요?"

 "암이 재발한 데다가 진행도 빨라서 항암제가 잘 듣지 않는다고 하시더라고요. 그래도 항암치료를 계속하고 싶다면 투여량을 줄이겠다고 하셔서 극히 소량의 항암제를 투여하고 있는데요. 그것으론 부족한 것 같아 대체요법도 병행하고 있습니다."

 "그렇군요. 저희 병원에는 어떻게 오셨어요?"

 "주치의 선생님이 오가사와라 내과에서 시행하는 재택 호스피스 완화 케어를 받아보는 건 어떠냐고 하셔서 완화 케어가 뭔지 이야기 좀 들어보려고 왔습니다."

 "항암제가 잘 듣는다면 투여해도 됩니다. 그렇지만 환자분처럼 소량을 투여하고 있다면 중단하는 게 좋다고 생각해요. 항암제를 계속 투여할지 말지는 환자분하고 주치의 선생님이 결정할 일이니 주치의 선생님과 잘 상의해보세요. 만약 제가 환자라면 항암치료는 중단할 겁니다."

 "항암치료를 중단하면 죽을지도 모른다고 생각하니 쉽게 결정을 못 내리겠어요."

 "노구치 씨, 일단 저희 병원에 다니면서 재택 호스피스 완화 케어를 받아보는 건 어떠세요? 초기 단계에서 완화 케어를 시작하면 수명이 연장되는 효과도 볼 수 있습니다."

제 이야기에 수긍하면서도 결정을 내리지 못한 채 집으로 돌아갔습니다. 그 후 한 달에 한두 번꼴로 병원을 찾아오던 그에게 제가 이렇게 물었습니다.

"원래 다니던 병원과 오가사와라 내과를 다니면서 한 달에 세 번이나 도쿄에 다녀오는 게 힘들지 않으세요?"

"힘들죠. 하지만 치료를 중단하면 죽을 것 같아서 그만둘 수가 없어요."

"그러셨군요. 완화 케어만으로도 오래 사실 수 있으니 주치의 선생님하고 이야기를 나눠보는 건 어떠세요? 환자분에게 가장 중요한 건 잘 자고 몸과 마음을 따뜻하게 하고 잘 웃는 거예요. 절대 몸을 피곤하게 해서는 안 됩니다."

지친 모습으로 병원을 찾아오는 그의 모습이 안타까워 조언을 해줬지만 그 이후로도 여전히 피곤한 모습으로 병원을 찾아왔습니다.

"잠은 잘 주무시고 계세요? 미간에 주름이 깊게 잡힌 걸 보니 많이 피곤하신 것 같네요."

그는 한숨을 쉬며 이렇게 대답했습니다.

"네, 많이 피곤합니다. 정신적인 스트레스도 상당한데 그래도 치료를 중단하기가 어렵네요."

오가사와라 내과를 처음 내원한 뒤 5개월쯤 지난 12월, 노구치 씨는 몸이 많이 약해져 혼자서는 병원에 올 수 없는 상태가 됐습니다. 몸 상태가 급격히 악화된 그는 마침내 항암치료를 중단하고 재택 호스피스 완화 케어로 전환했습니다. 그의 결심을 전해들은 부인이 불안감을 드러냈습니다.

"선생님, 제가 남편을 간병해야 하는 건가요?"

"아뇨, 아무것도 안 하셔도 됩니다. 잘 잤냐는 아침인사와 잘 자라는 저녁인사, 그리고 무슨 일이 생겼을 때 병원으로 전화 거는 것만 하시면 돼요. 재택 호스피스 완화 케어를 받는 환자분들은 고통 없이 즐겁게 지내다 떠나시기 때문에 간병에 대한 부담감을 느끼지 않으셔도 됩니다."

제 말은 들은 부인은 마음이 놓인 듯했습니다. 그는 재택 호스피스 완화 케어를 받기 시작하자 바로 통증이 해소돼 걸을 수 있게 됐습니다. 병세가 호전된 그는 요양보호사의 도움을 받지 않고도 집에서 가족과 함께 새해를 맞을 수 있었습니다.

재택 호스피스 완화 케어로 전환한 지 한 달 반이 지난 1월 말, 마침내 이별의 순간이 다가오고 있었습니다.

1월 22일: 주변 사물을 잡고 걸을 수 있는 상태가 됐다.
1월 23일: 기어서 다니는 상태가 됐다.
1월 24일: 누워서 지내는 상태가 됐다.

거동을 못하게 됐다는 연락을 받고 왕진을 나가자 그의 부인이 이렇게 말했습니다.

"선생님, 남편이 아무 말도 안 하고 잠만 자는데 왜 그런 건가요?"

그의 어깨를 흔들어보고 이름도 불렀지만 아무 반응이 없었습니다.

"전혀 반응이 없는 거 보니 의식이 희미한 상태인 것 같아요. 혈압도 떨어지고 몸 상태가 급격하게 악화됐기 때문에 마음의 준비를 하셔야 할 것 같습니다."

"선생님, 정말 평온한 임종을 맞을 수 있는 건가요? 저는 뭘 해야 하나요?"

"부인께서 할 일은 아무것도 없습니다. 요도 카테터를 삽입하고 요양보호사의 도움을 받도록 하죠. 세 시간 후에는 의료용 침대도 배달되니 안심하세요. 귀는 마지막까지 열려 있으니 이름을 불러주거나 좋아하는 노래를 들려주세요."

"남편은 이시카와 사유리(일본의 유명한 엔카 가수_옮긴이)가 부른 노래를 좋아하는데 제목이 뭐였더라? 아주 유명한 노래인데 제목을 모르겠네요."

방문 간호사가 태블릿 PC로 검색한 후 이 노래가 맞냐고 물으며 〈쓰가루해협의 겨울 풍경(津軽海 · 冬景色)〉을 들려줬습니다.

노래가 흐르자 신기하게도 노구치 씨의 손이 움직였습니다. 감고 있던 눈을 뜨고는 노래를 따라 불렀습니다. 그 자리에 있던 모두가 깜짝 놀랐습니다.

"제가 큰소리로 이름을 불렀을 때는 아무런 반응이 없으시더니 노래는 따라 부르시네요. 노래의 힘이 대단한데요."

　제가 머리를 긁으며 이렇게 말하자 그가 자신의 심정을 털어놓았습니다.

　"선생님, 저는요. 두 아이를 대학에 보내기 위해서 제 꿈을 포기하고 살았거든요. 그런데 어느 날 우연히 이 노래를 들었는데 눈에서 눈물이 멈추질 않더라고요. 아내한테도 말한 적이 없는데 쓰가루해협 너머에 있는 홋카이도에서 사는 게 제 꿈이었어요."

　누워서 지낸 지 이틀째 되던 날인 25일에 그는 세상을 떠났습니다.

　그 소식을 듣고 달려온 아들에게 전날 찍은 동영상을 보여주면서 아버지의 상태에 대해 설명했습니다.

　"〈쓰가루해협의 겨울 풍경〉이라는 노래를 듣더니 아버님이 따라 부르시더라고요. 고통 없이 즐겁게 지내다 저 세상으로 가셨으니 아버님은 복이 많으신 분이네요."

　"그런 일이 있었군요. 아빠가 그 노래를 그렇게 좋아하시는 줄은 몰랐습니다. 마지막까지 즐겁게 지내셨으니 다행입니다."

　그의 아들은 감정이 북받친 듯 눈물을 글썽였습니다. 하지만 이내 마음을 추스르더니 행복한 임종을 맞이한 아버지를 생각하면서 옅은 미소를 지었습니다.

　병원 치료에 의존하지 않고 정말 필요한 치료만 받기 위해서는 병원을 맹신하지 말아야 합니다. 병원이나 주치의를 신뢰하는 일은 중요하지만 병원이나 주치의가 말하는 것을 그대로 받아들인다면 판단을 그르칠 수도 있습니다. 냉정하고 객관적인 자세로 주치의가 하는 말을 들어야 합니다.

하나의 예로 항암제를 사용할지 말지를 결정하는 데 도움이 되는 요령을 소개하겠습니다. 주치의가 항암치료를 꼭 해야 한다고 설명한다면 긍정적으로 검토하는 것이 좋습니다. 하지만 의사가 항암제를 사용해도 되지만 일단 경과를 지켜보자고 하며 환자에게 판단을 위임할 때는 항암제 효과를 기대할 수 없다는 이야기입니다.

만약 항암치료를 중단해도 된다고 말한다면 망설일 필요 없이 중단하는 것이 좋습니다. 그래야 오래 오래 즐겁게 웃으며 살 수 있습니다. 대부분의 사람은 치료를 중단하면 죽을지도 모른다고 느낍니다. 계속 치료를 받아야 오래 살 수 있다고 생각하지만 치료를 받으면 받을수록 생명이 단축될 수도 있습니다.

환자가 거동을 못하게 되면서부터 죽음에 이르기까지의 과정을 몇 가지 사례를 통해 소개했습니다. 184페이지에 나오는 '임종이 다가왔음을 알리는 신호'는 재택 호스피스 완화 케어를 시행하면서 경험한 죽음에 이르는 과정을 정리한 것이니 참고하기 바랍니다.

임종이 다가왔음을 알리는 신호

재택 호스피스 완화 케어가 순조롭게 진행된다면 다음과 같은 과정을 거치면서 천천히 편안하게 잠드는 분이 많습니다. 죽음을 받아들일 준비가 돼 있다면 환자 본인도 가족도 편안한 마음으로 마지막 순간을 맞을 수 있습니다. 다음의 과정을 참고하세요.

① **14일 전** ········· 음식을 먹을 수 없게 된다.

② **7일 전** ·········· 물도 삼키기 힘들어지고 걸을 수 없게 된다. 의식이 명료하지 않고 자는 시간이 길어진다.

③ **6일 전** ·········· 환시, 환청이 생기고 알아들을 수 없는 말을 하는 섬망 증상이 나타난다.

④ **5일 전** ·········· 호흡이 불규칙해지고 목에서 그르렁거리는 소리가 난다.

⑤ **4일 전** ·········· 소변이 안 나오게 된다.

⑥ **3일 전** ·········· 대화가 불가능해진다. 전혀 거동을 못하고 누워 지낸다.

⑦ **2일 전** ·········· 불러도 반응이 없다.

⑧ **1일 전** ·········· 몸에서 철이 녹슨 듯한 냄새가 난다.

⑨ **한나절 전** ······ 손발이 차가워지고 자줏빛으로 변한다. 혈압이 떨어진다.

⑩ **임종** ·········· 호흡이 멈추고 온몸이 차가워진다.

※개인차는 있겠지만 집에서 임종을 맞이한 환자들의 자연스러운 죽음의 과정입니다. 환자의 상태가 걱정된다면 방문 간호사와 상담하면서 어떻게 변하는지를 살피도록 하세요.

가족이 간병 부담을
짊어지지 않아도 된다

●

히라노 준지(91세 남성)

병명: 간암, 치매, 뇌경색(남은 수명 수주일)

가족: 아내, 아들과 같이 산다

●

환자가 퇴원을 망설이는 이유 중 하나는 가족에게 짐이 되고 싶지 않기 때문일 것입니다. 하지만 일본에서는 간병보험제도가 도입된 이후로는 가족이 간병 부담을 짊어지지 않게 되었습니다. 이번에는 아내에게 짐이 되고 싶지 않았던 한 남편의 이야기를 소개합니다.

2016년 10월 12일, 히라노 씨의 부인과 따로 살고 있는 그의 딸이 병원을 찾아왔습니다.

"간암에 치매까지 걸리신 아빠가 10월 17일에 퇴원을 하시게 됐는데 퇴원 후에도 병원을 다니셔야 할 것 같아서요. 오가사와라 내과에서 진료를 받고 싶은데 가능할까요?"

그런데 퇴원 당일인 10월 17일 아침 9시에 히라노 씨의 딸이 토털 헬스 플래너에게 전화를 했습니다.

"며칠 전부터 갑자기 황달이 심해지셔서 주치의 선생님이 퇴원을 미루셨어요. 조금 더 경과를 지켜본 뒤에 퇴원을 결정하자고 하시네요. 퇴원 날짜가 정해지는 대로 다시 연락드리겠습니다."

"퇴원을 미루기보다는 저희 병원에서 치료받는 건 어떨까요? 원장 선생님하고 이야기해보는 게 좋겠어요."

토털 헬스 플래너의 조언을 들은 모녀가 10시 30분경에 병원을 찾아왔습니다.

"선생님, 남편이 퇴원할 수 있을까요? 저는 허리가 아파서 좁은 병실에서 같이 자는 건 힘들지만 남편이 세상을 떠날 때는 곁을 지켜주고 싶거든요. 퇴원하고 집으로 온다면 간병은 못하더라도 남편 곁에 있어주려고요."

부인에 이어 딸이 이렇게 말했습니다.

"병원에 계시면 점점 더 나빠지시기만 할 뿐이라서 저희 마음 같아서는 하루라도 빨리 퇴원시켜드리고 싶지만 주치의 선생님이 퇴원은 안 된다고 하시네요."

"퇴원을 미룬다고 해서 좋아지실 가망이 있나요? 급격하게 상태가 악화됐다면 집으로 돌아가지 못하실 수도 있습니다. 하지만 지금이라도 집으로 모신다면 그것만으로도 상태가 호전될 수 있으니 만약 퇴원을 원하신다면 오늘 오후에라도 하는 게 좋겠어요."

"오늘 퇴원이 가능한가요? 그렇다면 바로 퇴원 수속을 밟겠습니다. 주치의 선생님에게 퇴원시켜달라고 부탁해야겠어요."

오늘 퇴원이 가능하다는 말에 놀란 모녀는 히라노 씨가 입원 중인 병원에 전화를 걸었습니다. 세 시간 후, 그는 퇴원해서 집으로 돌아갔습니다.

향후 치료 계획을 세우기 위해 그의 가족, 의사 세 명, 간호사 네 명, 임상종교사, 케어 매니저, 토털 헬스 플래너가 그의 집에 모였습니다. 여기서 임상종교사란 무상으로 마음을 치유해주는 종교자를 말하며 포교 활동은 하지 않습니다.

그가 누워 있는 방에서 회의를 하고 있을 때였습니다. 그가 갑자기 몸을 일으키더니 방 안을 서성거렸습니다. 너무 당황한 나머지 그저 입만 벌리고 쳐다보고 있는데 이번에는 전통춤 소품인 우산을 꺼내들고 춤을 췄습니다. 그의 춤추는 모습에 모두들 즐거워하며 기념사진을 찍었습니다. 왜냐하면 그때 히라노 씨는 뇌경색 후유증으로 오른쪽 반신이 마비돼 걸음걸이가 불안정한 상태였기 때문입니다. 게다가 퇴원 당일은 급격하게 병세가 악화돼 들것에 실려 집으로 옮겨졌을 정도로 상태가 좋지 않았습니다.

그날 밤, 딸이 THP+에 이런 글을 올렸습니다.

저희 가족이 오가사와라 선생님을 만난 건 크나큰 행운이었습니다. 어떤 죽음이 이상적인 죽음인지를 깨닫게 해주셔서 감사합니다.

걸을 수 있게 된 그는 데이서비스센터에 가거나 가족과 외식을 즐기면서 평온한 일상을 보냈습니다.

11월 16일에는 제가 고정 출연하는 라디오 프로그램에 그의 딸이 게스트로 나와 자신의 심정을 털어놓았습니다.

아나운서: 퇴원하시고 나서 아버님에게 무슨 변화가 있었나요?

딸: 글쎄요, 병원이라는 곳은 누군가의 관리를 받으며 산다는 느낌을 주는 것 같아요. 화장실에 가는 것도 재활의 일환으로 여기기 때문에 스스로 걷는다기보다는 억지로 걷게 만드는 것 같아요. 하지만 퇴원해 집으로 돌아오신 이후로는 인간다운 삶을 사신다고 할까요? 아무튼 집이 좋다는 말을 입에 달고 사세요.

오가사와라: 어머님도 꾸부정했던 자세가 교정돼 자신감 넘치는 표정으로 변하셨더라고요.

아나운서: 집으로 모셔온 걸 잘한 결정이라고 생각하세요?

딸: 네, 잘했다고 생각합니다. 저희 가족 모두 즐겁게 지내고 있어요. 아직 이별의 순간이 오진 않았어요. 하지만 아빠를 떠나보내야 하는 날이 오면 그제야 아빠의 죽음을 실감하게 되겠죠. 그리고 제 삶에도 변화가 생기리라고 봅니다. 죽음이 두려운 이유는 죽음이 뭔지 잘 모르기 때문

인데 아빠를 떠나보내고 나면 조금은 알게 될 것 같습니다.

다음 날, 히라노 씨는 평온한 죽음을 맞이했습니다. 그날은 라디오 출연을 마친 딸이 몇 년 만에 집에서 잠을 잔 날이었습니다. 한 방에서 세 사람이 나란히 누워 자는 동안에 그는 숨을 거뒀습니다.

아내를 위한
남편의 마지막 배려

●

하야시 요시히로(77세 남성)

병명: 급성백혈병, 당뇨병, 협심증

가족: 아내와 둘이 산다

●

이번에는 자신이 떠날 때를 스스로 선택한 환자의 신비로운 이야기를
소개합니다.

2016년 7월, 하야시 씨의 부인과 아들, 그리고 딸이 병원을 찾아왔
습니다.

"백혈병에 걸린 남편이 입원은 절대 안 하겠다고 해서 수혈을 할 때
마다 20킬로미터나 떨어진 병원을 다녔는데요. 남편도 저도 이제는 지
칠 때로 지쳐서 집에서 가까운 병원을 찾다가 선생님 병원을 알게 돼

서 이렇게 왔습니다. 혹시 집에서 수혈을 받을 수 있을까요?"

며칠 후, 수혈을 하기 위해 하야시 씨의 집을 방문했습니다. 통증과 호흡곤란 증세를 호소하는 그를 위해 재택 호스피스 완화 케어를 시작하기로 했습니다. 백혈병을 앓고 있는 그는 빈혈이 심해지면 현기증, 가슴 두근거림, 어지럼증 등을 일으키기 때문에 수혈을 해야 합니다. 수혈 후에는 산책을 갈 수 있을 정도로 기력이 회복되지만 2주일 정도 지나면 다시 수혈을 해야 합니다.

이런 생활이 되풀이되던 어느 날, 가족이 모여 단란한 한때를 보내고 있을 때 그가 이런 말을 했습니다.

"어차피 죽을 거라면 죽기 전에 아들하고 갯바위 낚시나 하러 오바마에 가고 싶네."

기후시에서 후쿠이현 오바마시까지는 150킬로미터나 떨어져 있습니다. 아들과 딸은 너무 멀다는 이유로 반대했습니다. 하지만 부인은 아이들과 다르게 낚시하러 가는 것을 찬성했습니다.

"나는 당신이 오래 살았으면 좋겠어. 하지만 당신이 하고 싶은 일을 하면서 인생을 즐기며 살 수 있다면 나는 낚시하러 가는 거 찬성이야. 당신 인생이잖아."

아들과 낚시를 다녀온 그를 진료하기 위해 집을 찾아가자 많이 지친 모습으로 맞아줬습니다.

"선생님, 재택의료를 받게 되면 집에서 죽는 거죠. 제가 좀 소심하고 겁이 많은 성격이라서 만약 남편이 제 눈앞에서 죽으면 못 견딜 것 같아요."

"걱정하지 마세요. 부인이 보는 앞에서는 돌아가시지 않을 거예요."

부인의 불안한 마음을 달래고 돌아온 지 한 달이 지난 어느 날, 목욕을 마치고 나온 하야시 씨는 갑자기 몰려온 가슴 통증으로 인해 옷도 갈아입지 못한 채 이불 위에 누우며 아내에게 이렇게 말했습니다.

"난 다 씻었으니까 당신 씻어."

"어, 알았어."

부인이 목욕을 하고 나오자 그의 숨이 멈춰 있었습니다. 그는 호흡이 멈추는 순간을 알고 있었던 것입니다.

"제가 불안해하지 않도록 곁에 없을 때 세상을 떠난 것 같아요."

아내는 남편의 마지막 배려에 슬퍼하면서도 행복해했습니다. 그리고 2017년 봄, 하야시 씨의 부인에게 책 출간 소식을 전하기 위해 전화를 했을 때입니다.

"혼자 있으면 외롭지 않으세요?"

"외로울 때도 있지만 매일 남편 사진을 보면서 가족 모두 건강하고 즐겁게 살 수 있도록 해달라고 기도하고 있어요."

"그러셨군요. 이번에 행복한 임종에 관한 책을 출간하게 돼서 전화했어요."

그의 부인이 유쾌한 목소리로 이렇게 말했습니다.

"하하하, 좋네요. 제 남편도 선생님을 만나 집에서 치료를 받으며 좋아하는 낚시를 마치고 나서 세상을 떠났으니 그야말로 행복한 임종

192

이죠. 마지막까지 저에 대한 배려도 최고였어요."

하야시 씨의 이야기에 이어서 아내에 대한 마지막 배려를 느끼게 해준 구리타 신야(76세 남성, 위암) 씨의 사례를 소개합니다.

어느 날, 구리타 씨의 집으로 왕진을 나가자 그의 부인이 이런 말을 했습니다.

"선생님, 저는 공황장애를 앓고 있기 때문에 남편의 죽는 모습을 보면 병을 이겨낼 수 없을 것 같아서요. 죽음이 임박해지면 병원에 입원했으면 좋겠는데 안 되나요?"

"부인이 보는 앞에서 남편분이 돌아가시는 일은 없을 테니 걱정하지 마세요."

"그럴까요? 그렇다면 마지막까지 집에서 지내도 되겠네요."

한 달 후, 그의 상태가 악화돼 마음의 준비를 해야 할 때가 왔습니다. 소식을 듣고 그의 자녀들도 모였습니다. 아들이 걱정스러운 눈빛으로 이렇게 물었습니다.

"얼마나 버티실 수 있을까요? 제가 지금 강연을 하러 도쿄에 가야 하거든요."

"아버님이 아드님의 강연을 들으신 적이 없지 않나요? 아들의 장한 모습을 보시기 위해서라도 강연장에 들렸다가 저 세상으로 가실 테니 아버님이 지켜보고 있다고 생각하고 열심히 하세요."

"네, 알겠습니다. 열심히 하겠습니다."

그러나 구리타 씨는 아들의 강연을 들으러 가지 못했습니다. 다음 날 아침 5시쯤 세상을 떠났기 때문입니다. 잠에서 깬 부인이 남편을 보러 갔을 때는 이미 숨을 거둔 뒤였습니다.

6시쯤, 방문 간호사의 전화를 받고 그의 집을 찾아가자 부인이 손뼉을 치면서 맞아줬습니다.

"선생님, 선생님 말씀이 맞았어요!"

깜짝 놀란 제가 이렇게 물었습니다.

"무슨 일이세요?"

"제가 자고 있는 동안에 남편이 세상을 떠났지 뭐예요."

옆에 있던 딸이 이런 이야기를 해줬습니다.

"선생님, 자세한 이야기는 제가 말씀드릴게요. 실은 오빠가 오늘 밤은 자기가 아빠 곁을 지킬 테니까 다들 자라고 말해놓고선 정작 자신도 3시쯤 잠이 들고 말았대요. 아빠는 저희가 자고 있을 때 세상을 떠나신 거예요. 우리들이 한 방에 나란히 누워 자고 있는 모습을 보고 옛일을 추억하시면서 안심하고 저 세상으로 떠나신 것 같아요. 아무도 보지 않을 때 떠나셨기 때문에 엄마도 불안감을 떨쳐 버릴 수 있었고요. 떠나실 때도 가족 생각만 하신 아빠의 딸이라서 너무 감사하고 행복합니다."

세상을 떠나는 때는 누가 정하는 걸까요? 임종을 지키지 못했다고 자책할 필요는 없습니다. 언제 세상을 떠나든 그 순간이 그 사람의 떠날 때이기 때문에 떠나보내는 사람이 어떤 마음을 먹느냐에 따라 남겨진 가족에게도 환자 본인에게도 행복한 죽음이 될 수 있다고 생각합니다.

스스로
떠날 때를 정하다

●

다카기 료코(86세 여성)

병명: 위암, 간 전이, 암성 복막염, 폐렴

가족: 아들 내외, 손자 내외와 같이 산다

●

마음의 준비를 하라는 말은 오늘이 마지막이 될지도 모른다는 뜻입니다. 이번에는 말기 암 환자에게 하루가 얼마나 소중한지를 깨닫게 해주는 사례를 소개합니다.

어느 금요일 오전, 다카기 씨가 두 며느리와 함께 병원을 찾아왔습니다.

"선생님, 말기 암 환자이신 저희 시어머님이 퇴원을 간절하게 원하셔서 다음 주 월요일에 퇴원하기로 결정했는데요. 언제 갑자기 돌아가실지 모르는 상태라서 집으로 모시면 왕진을 부탁드리고 싶은데 와주실 수 있나요?"

"당연히 가야죠. 그런데 언제 갑자기 돌아가실지 모르는데 월요일에 퇴원해도 되나요? 월요일까지 살아계신다는 보장이 있나요? 만약 병원에서 돌아가신다면 뒷문으로 나가시게 되는데 그래도 후회 안 할 자신 있으세요? 퇴원시켜드리고 싶다면 오늘 오후에라도 퇴원이 가능하니 가족과 상의해보세요."

"네? 오늘 퇴원할 수 있다고요? 근데 아직 집 안 청소가 안 돼 있어서요."

"청소야 대충해도 됩니다. 안 해도 뭐라 할 사람도 없고요."

이런 대화를 나눈 지 네 시간 만에 다카기 씨는 병원 정문을 나설 수 있었습니다.

저는 병원에서 생을 마감하게 되면 병원 정문이 아니라 뒷문으로 나가게 된다고 말합니다. 왜 그렇게 말했을까요? 병원에서는 죽음을 패배로 여겨 멀리하려는 경향이 강하기 때문입니다.

재택 호스피스 완화 케어를 시작한 그는 모르핀과 솔루메드롤 등을 투여해 통증이 사라지자 표정도 한결 밝아졌습니다.

퇴원한 다음 날인 토요일, 그가 왕진을 나간 저에게 즐거운 듯 이렇게 말했습니다.

"어젯밤에 푹 자서 그런지 너무 기분이 좋습니다."

그런데 하룻밤 사이에 그의 건강이 급작스럽게 악화됐습니다. 일요일에 의식이 없다는 연락을 받고 서둘러 찾아갔습니다.

"혈압이 많이 떨어지셨네요. 마음의 준비를 하셔야 할 것 같습니다. 월요일까지 병원에 계셨다면 집으로 돌아오시기 힘드셨을 거예요. 서둘러 퇴원하시길 잘한 것 같네요."

"선생님, 감사합니다. 어머님도 행복해하셨어요."

방문 간호사가 다카기 씨의 가족에게 '이별 안내서'(28페이지 참조)를 건네고는 이별을 맞이하는 방법에 대해 설명했습니다. 마음의 준비를 마친 그와 그의 가족이 마지막 시간을 보냈습니다.

일요일이 마지막이라고 생각했지만 그는 화요일에도 아직 세상을 떠나지 않았습니다.

"어떻게 된 거예요? 지난 일요일에 다 모였었잖아요."

그는 주위를 둘러보더니 제 질문에 이렇게 대답했습니다.

"도쿄에 사는 증손자가 아직 안 와서요."

"증손자를 기다리고 계시는군요."

그리고 수요일, 증손자의 도착과 함께 그는 머나먼 여행을 떠났습니다.

지금까지 자신이 떠날 때를 스스로 정한 환자들의 사례를 소개했습니다. 이런 우연이 만들어낸 기적이 바로 제가 몇 번이고 경험한 '더 없이 홀가분한 죽음'이 아닐까 생각합니다. 연명치료를 받으며 본인의 의지와는 상관없이 이어가는 생명이 아니라 스스로 떠날 때를 선택하는 삶을 보면서 생명의 신비함을 체험했습니다.

이번 사례처럼 환자 본인이 퇴원을 원해도 퇴원 허가가 떨어지지 않거나 재택의료에 대한 불안감으로 인해 망설여질 때는 재택의료서비스를 제공하는 의사, 토털 헬스 플래너 또는 단골 병원의 의사와 상담해보세요. 환자에게 어떤 의사와 간호사가 적합한지를 알려줄 것입니다.

재택의료를 시행하는 의료기관이나 의료인에 따라 의료 기술과 철학에 차이가 있습니다. 옥석혼효(玉石混淆)라는 말이 있습니다. 훌륭한 것과 열등한 것이 구별 없이 혼재되어 있음을 비유한 말인데 재택의료 서비스를 제공하는 의료인도 이처럼 옥석이 뒤섞여 있다고 할 수 있습니다. 그렇기 때문에 자신에게 어떤 의료인이 맞는지를 구별하는 것이 중요합니다.

반드시 재택 호스피스 완화 케어를 시행하는 의료인이 아니더라도 상관없습니다. 진심을 다해 임종할 때까지 돌봐주고 신뢰할 수 있는 단골 의사라면 여러분도 안심하고 마지막 삶을 함께할 수 있을 것입니다.

죽음은 되돌릴 수 없습니다. 웃으며 떠나기를 바란다면 환자 본인에게 적합한 의료기관이나 의료인을 선택하는 것이 중요합니다.

5장

:

:

홀가분한
죽음 앞에 놓인
과제들

환자에게
진실을 알릴 것인가

●

니시 요시노리(59세 남성)

병명: 고혈압, 편평상피세포암

가족: 아내, 딸과 같이 산다

●

재택의료서비스를 제공한 지 28년이 됐습니다. 지금에 이르기까지 많은 시행착오와 실패를 겪었지만 이를 통해 의사로서의 자질을 키울 수 있었습니다. 처음부터 뛰어난 실력을 보이는 의사는 없을뿐더러 사람에 따라 실력도 천차만별입니다. 5장에서는 집에서 임종을 맞고 싶은 환자의 희망이 이뤄질 수 있도록 환자에게 맞는 의사를 선택하는 데 도움이 되길 바라는 마음에서 저의 실패담을 소개합니다. 또한 여기에서 소개하는 사례를 통해 재택의료서비스의 전문성을 강화하는 것이 얼마나 중요한지를 후배 의사들이 알게 되기를 바랍니다.

제가 병원을 개업하고 얼마 지나지 않았을 때 겪은 첫 실패담입니다.

1989년 어느 날, 고혈압으로 통원 치료를 받던 니시 씨가 가래가 심하다며 병원을 찾아왔습니다. 2주 후에 다시 진료를 받으러 와서는 이렇게 말했습니다.

"선생님, 가래가 없어지질 않네요."

"그래요? 그럼, 가래 세포진 검사를 해봅시다."

며칠 후 편평상피암(피부, 구강, 인두, 식도, 질, 자궁 질부 등의 점막에서 발생하는 암_옮긴이)이 발견됐다는 검사 결과가 나왔습니다.

"니시 씨, 검사 결과 암세포가 발견됐다고 하네요. 큰 병원에 가셔야 할 것 같습니다."

"큰 병원이요? 그럼 진료의뢰서를 받을 수 있을까요?"

큰 병원에 가서 정밀 검사를 받은 그는 호흡기내과 의사에게서 이런 말을 들었습니다.

"CT도 찍고 기관지 내시경 검사도 했지만 별다른 이상 소견이 없습니다. 혹시 모르니 3개월 후에 다시 찍어봅시다."

그 후로 3개월에 한 번씩 CT를 찍으러 병원에 갔지만 그때마다 이상이 없다는 검사 결과가 나왔습니다.

그는 코막힘 증상이 점점 심해지자 인근 이비인후과를 찾았습니다. 증상을 들은 의사는 큰 병원에 가서 정밀 검사를 받아보라고 했습니다. 정밀 검사 후 콧구멍이 인접해 있는 뼈 속 공간인 부비강에서 암이 발견됐다는 진단 결과가 나왔습니다.

그런데 그의 가족이 환자에게 암이라는 사실을 알리지 못하게 했습니다. 진실을 알리지 않은 채 수술을 강행하기는 매우 어렵지만 가족의 요구를 무시할 수도 그렇다고 수술을 안 할 수도 없었기 때문에 어쩔 수 없이 이비인후과 의사는 이렇게 말했습니다.

"부비강에 종양이 생겼네요. 종양 제거 수술을 하면서 왼쪽 안구도 같이 적출해야 할 것 같습니다."

의사의 말에 놀란 그는 강한 어조로 이렇게 말했습니다.

"종양이 있다면 수술로 제거해야겠지만 안구를 적출하는 건 싫습니다."

왼쪽 안구를 적출해야 하는 이유는 암세포가 눈까지 침투했을 가능성이 높았기 때문입니다. 그렇기에 안구를 제거하지 않는 수술은 의미가 없습니다. 하지만 환자에게 진실을 알리지 않고서는 안구를 적출해야 하는 진짜 이유를 말할 수 없었습니다. 몹시 난처해진 의사는 저에게 편지 한 통을 보내왔습니다.

오가사와라 선생님, 니시 씨가 수술을 받을 수 있도록 설득해주십시오. 다만 가족의 요구에 따라 환자 본인에게는 암이라는 사실을 알려서는 안 됩니다.

왼쪽 안구까지 적출하는 수술을 해야 한다는 사실은 환자를 제외한 모든 사람이 알고 있었습니다. 환자에게 진실을 알리고 설득하는 것과 진실을 숨기고 설득하는 것은 전혀 다릅니다.

저는 니시 씨의 부인과 딸을 설득했습니다.

"환자분을 위해서라도 암이라는 사실을 알려야 합니다."

"평생 일밖에 모르던 남편이 이제 곧 정년을 맞이합니다. 퇴직하면 둘이서 해외여행이나 다니면서 여생을 보내자고 했는데 그런 남편에게 암에 걸렸다고 이야기하면 충격을 받을 거예요. 남편이 너무 가여워 차마 말하지 못하겠어요."

끝내 그의 가족을 설득하지 못했습니다. 며칠 후 그와 그의 가족이 오가사와라 내과를 찾아왔습니다. 부인과 딸이 그의 뒤에 서서 절대로 알리지 말라는 손짓을 했습니다.

"선생님, 저는 큰 병원 선생님보다는 선생님을 더 믿으니까 진실을 말해주세요."

이렇게 호소하는 그에게 저는 신중에 신중을 기하며 조심스럽게 대답했습니다.

"음, 부비강에 생긴 종양이 너무 커서 종양 제거 수술을 할 때 필요하다면 안구도 적출하는 게 낫지 않을까 싶어요."

"선생님도 그렇게 생각하시는군요. 하지만 안구를 적출하는 건 싫습니다."

"지금 제거하지 않으면 나중에 후회하실 수도 있어요."

한 시간 정도 설득했지만 실패했습니다. 다음 날 부인이 찾아와서는 아무 말도 안 해줘서 고맙다는 인사를 하고 돌아갔습니다.

종양 제거 수술은 받되 안구는 적출하지 않겠다는 것이 니시 씨의 선택이었습니다. 수술은 무사히 끝났지만 암은 이미 안와까지 전이된 상태였습니다. 자신이 암이라는 사실을 몰랐기 때문에 어정쩡한 선택을 한 것입니다.

그는 수술 후 재택 호스피스 완화 케어를 받기 시작했지만 모르핀을 처방하면 환자가 암이라는 사실을 눈치채기 때문에 사용하지 않았으면 좋겠다는 가족의 요청에 따라 모르핀을 처방하지 않았습니다. 어쩌면 당연한 일이겠지만 극심한 통증에 시달리던 그는 재입원했습니다. 마지막까지 통증으로 고생하다 수술받은 지 반년 만에 세상을 떠나고 말았습니다.

그가 사망한 후 병원을 찾아온 부인은 고개를 떨군 채 저와 눈도 마주치지 못했습니다. 환자에게 진실을 알렸더라면 안구 제거 수술을 받든가 아니면 수술을 받지 않더라도 남은 인생을 즐기며 살 수 있었을지도 모릅니다. 저를 믿어준 환자에게 진실을 말하지 못한 것과 가족을 끝까지 설득하지 못한 것이 너무도 후회스럽습니다.

니시 씨의 사례를 통해 가족을 설득해 환자에게 진실을 알리고 남은 삶을 편안하게 보낼 수 있도록 재택의료서비스의 전문성을 강화하는 것이 환자의 삶을 바꿀 수 있다는 사실을 배웠습니다.

원하는 곳에서
죽을 권리

●

히로세 미쓰요 (85세 여성)

병명: 치매, 간질성 폐렴, 고혈압

가족: 혼자 산다

●

이번에는 생의 마지막을 집에서 보내고 싶다는 환자의 바람이 가족의 반대로 이뤄지지 못한 사례를 소개합니다.

히로세 씨의 여동생은 재택의료서비스를 받으며 집에서 생을 마감했습니다. 그때 여동생을 간병했던 그는 자신도 거동을 못하는 상태가 되자 여동생처럼 집에서 생을 마감하고 싶다며 오가사와라 내과에서 제공하는 재택의료서비스를 받으려고 했습니다.

하지만 그의 친척은 치매를 앓고 있는 그에게 노인복지시설에 입소할 것을 권했습니다. 혼자 사는 노인이 집에서 사망할 경우 노인을 방치했다는 말을 들을까 두렵거나 혹시 무슨 일이 생길지 않을까 걱정돼 입소를 권하는 가족이 많은 것도 사실입니다. 친척이 입소를 권할 때마다 밝은 성격을 가진 그는 혼자서도 충분히 살 수 있다며 거부했습니다.

어느 날, 요양보호사가 히로세 씨의 집을 찾아갔을 때였습니다. 화장실을 가다가 넘어진 그가 다리 통증을 호소하며 거의 움직이지도 못하는 모습을 보고 당황한 요양보호사가 그의 시누이에게 전화를 걸었습니다. 서둘러 달려온 시누이가 구급차를 불러 가까운 병원으로 옮겼습니다.

오가사와라 내과에서는 환자의 가족이나 재택의료서비스를 제공하는 의료진에게 위급한 상황이 발생했을 때는 구급차를 부르지 말고 방문 간호 스테이션으로 먼저 전화를 걸도록 하고 있습니다. 또한 긴급 연락처로서 방문 간호 스테이션의 전화번호가 적힌 종이를 전화기 근처에 붙이도록 하고 있습니다.

하지만 요양보호사가 히로세 씨의 의사를 제대로 파악하지 못한 것이 그의 삶을 비극적으로 끝내는 원인이 됐습니다.

그의 시누이가 병원에서 치료를 마치고 집으로 돌아온 그를 데리고 노인복지시설에 갔습니다. 그의 친척에게 두 번이나 병원에 오도록 해 한 시간에 걸쳐서 설명했기 때문에 재택의료서비스에 대해 이해했다고 생각했는데 제 생각이 틀렸던 것입니다. 그가 시설에 입소한 사실을 뒤늦게 알게 된 저는 친척이 시설 입소를 희망한다는 사실을 염두에 두고 좀 더 세심히 보살피지 못한 것을 후회했습니다.

그가 입소한 지 불과 이틀 만에 사건이 벌어졌습니다. 복지시설 직원이 다급한 목소리로 전화를 걸어왔습니다.

"선생님, 히로세 씨가 통증을 호소하니 빨리 이쪽으로 와주세요."

전화를 끊자마자 달려갔습니다. 그는 내 얼굴을 보자마자 비통한 목소리로 호소했습니다.

"선생님, 전 속아서 온 거예요. 여기에 있느니 차라리 죽고 싶어요. 저 좀 죽여주세요."

"무슨 일이세요?"

"그게, 좋은 곳이 있으니 보러 가자고 해놓고 이런 곳에 버려두고 갔지 뭐예요. 저를 속여서 데리고 온 거예요. 여기에 있느니 그냥 죽을래요."

그때 고혈압을 앓고 있던 그의 혈압이 급격히 떨어지고 식은땀을 흘리는 것을 보고 상심증후군(Broken Heart Syndrome)에 걸렸다고 생각했습니다.

상심 증후군이란 극도의 긴장 상태에 있으면 심장에 영양을 보내는 세 개의 가는 혈관(관동맥)이 경련을 일으켜 심장 기능이 멈추게 되는 것을 의미합니다. 즉 급성 심부전으로 인해 심한 폐부종 및 쇼크 상태에 빠지는 것을 말합니다.

환자를 살릴 수 있는 유일한 방법이 있다면 집으로 돌아가 마음을 안정시키는 것일지도 모른다고 생각한 저는 퇴소에 필요한 친척의 동의를 얻기 위해 연락했지만 끝내 연락이 닿질 않았습니다. 솔루메드롤을 투여해 통증은 완화됐지만 그것은 일시적인 위안밖에 되지 않았습니다.

저의 손을 잡고 놓지 않는 그에게 이렇게밖에 말할 수 없었습니다.

"곧 편해지실 거예요."

이윽고 의식이 없어진 그는 4시간 후 시설에서 생을 마감했습니다. 너무나도 안타까운 임종이었습니다. 그의 절망에 가득 찬 눈빛과 비통한 목소리를 지금도 잊을 수 없습니다.

이 사례를 통해 복지시설에 대한 오해가 생길지도 모르기 때문에 복지시설에서 생활한 사가와 요시코 씨(79세 여성, 알츠하이머성 치매)의 사례도 소개합니다. 어느 날, 사가와 씨를 진료하기 위해 시설을 찾아가자 두 명의 직원이 발 마사지를 해주고 있었습니다. 그 모습을 지켜보는 그의 아들의 입가에는 옅은 미소가 흐르고 있었습니다.

오가사와라: 사가와 씨는 오늘도 편안해 보이시네요.

직원: 저희가 뭘 해드려도 아무 말씀이 없으시지만 편안해하시는 모습을 보면 열심히 해야겠다는 생각을 합니다. 아드님도 매일 와서 어머님께 음악을 들려주시고 계세요.

아들: 오늘 하루도 어머니가 살아있다는 것의 기쁨을 음미하고 있습니다. 하루라도 더 오래 사시면 좋겠지만 지금 이대로 세상을 떠나셔도

마음이 크게 아프지는 않을 것 같아요.

　그 다음 날, 사가와 씨는 시설에서 잠자듯 세상을 떠났습니다.
　이처럼 집이든 시설이든 환자 본인이나 가족이 희망하는 곳에서
마음까지도 치유하는 의료서비스를 제공받으며 살다가 평온한 임종
을 맞을 수 있다면 그보다 더 좋은 일은 없을 것입니다.

가족이 아니라
스스로 선택해야 한다

●

후루가와 노리코(72세 여성)

병명: 폐쇄성 동맥경화증, 류마티스성 관절염

가족: 남편과 둘이 산다

●

이번에는 부모의 마음을 몰라준 아들에 관한 이야기를 소개합니다.

휠체어를 타고 남편과 함께 오가사와라 내과를 통원하던 후루가와 씨는 두 다리에 장애가 생겨 걸을 수 없게 되자 재택 호스피스 완화 케어로 전환했습니다. 재택 호스피스 완화 케어를 시작한 지 6년째 되던 어느 날, 그에게 이렇게 말했습니다.

"혈액 순환이 안 돼서 발가락이 자줏빛으로 변하셨네요. 이런 걸 치아노제라고 하는데 더 심해지시면 다리 동맥에 스텐트를 삽입해야 할 것 같습니다."

"선생님, 스텐트가 뭔가요?"

"혈관을 넓혀주는 기구예요. 금속으로 만들어진 그물망이라고 생각하시면 돼요."

"그런 걸 다리에 왜 넣어요?"

"이대로 놔두면 다리를 절단하게 될지도 몰라요."

스텐트 삽입술을 거부하는 후루가와 씨에게 차근히 설명하자 마지못해 시술에 동의했습니다. 스텐트를 삽입한 후에는 혈액 순환이 원활하게 이뤄지도록 방문 간호사가 매일 족욕과 발 마사지를 해줬으며 1주일에 3회는 주사도 처방했습니다.

그러던 어느 날, 그의 남편이 2주일 동안 입원을 하게 됐습니다. 남편과 둘이 살던 그는 당분간 혼자 지내야 했습니다. 그 소식을 접한 아들은 아빠가 입원하는 동안 엄마도 입원할 것을 권했습니다.

그는 처음에는 입원을 거부했지만 멀리 떨어져 사는 아들이 자신을 걱정할까봐 아들의 말을 거스르지 못했습니다. 그는 휠체어 생활을 했지만 간단한 식사는 직접 해먹을 수 있었고 남편이 하던 빨래나 장보기는 요양보호사에게 부탁하면 되는 상황이었습니다. 혼자 사는 말기 암 환자도 집에서 임종을 맞이하는 시대에 그리고 혼자 생활하지 못하리란 법은 없다고 생각한 저는 아들을 설득하기 위해 그의 집을 찾아갔습니다.

"혼자 계셔도 걱정할 것 없습니다. 어머님은 다리만 불편하시기 때

문에 혼자서도 충분히 지내실 수 있어요. 또 병원보다는 집이 좋다고
하시니 입원할 필요까지는 없지 않나요?"

"알겠습니다."

아들은 의외로 쉽게 수긍했습니다. 그런데 그날 밤, 오가사와라 내
과에는 아무 연락도 없이 후루가와 씨를 입원시켰습니다. 의사가 아무
리 입원할 필요가 없다고 말해도 자신의 생각대로 입원시키는 것이 낫
다고 판단한 것입니다. 하지만 그는 입원한 지 이틀 만에 세상을 떠나
고 말았습니다. 그는 매우 소심한 사람이었기 때문에 병원 생활에 적
응하기가 힘들었던 것입니다.

환자와 가족의 의견이 대립할 때 가족에게 환자의 생각을 확실하
게 전달하려고 애쓰지만 아무리 주치의라고 해도 가족의 의견을 무시
할 수는 없습니다. 그러나 14년 동안이나 그의 주치의였던 저는 그의
성격을 잘 알고 있었습니다. 그때 좀 더 아들을 설득했더라면 하는 후
회가 밀려옴과 동시에 누구보다 엄마의 성격을 잘 알고 있었던 아들이
기에 홀로 있을 엄마를 걱정했을지도 모른다고 생각하니 가슴이 너무
도 아픕니다.

이 사례 이후에는 환자뿐만 아니라 가족도 후회하는 일이 없도록 가
족에게 환자의 상태에 대해 설명할 때는 환자의 성격부터 과거의 사례
까지 이야기하면서 한두 시간에 걸쳐서 끈기 있게 설득하게 됐습니다.

이 사례를 통해 자녀가 생각하는 최선의 선택이 반드시 부모에게
도 최선이라고는 할 수 없다는 사실을 배웠습니다. 이러한 사실을 소

중한 사람이 세상을 떠나기 전에 아는 것이 얼마나 중요한지도 알게 됐습니다.

이것은 비단 부모 자식 간의 문제만이 아닙니다. 왜냐하면 죽음이 임박하지 않은 사람은 죽음을 앞둔 사람의 마음을 모르기 때문입니다. 자신이 이제 곧 죽는다고 생각하는 사람은 남은 삶을 어떻게 살지 신중하게 결정하겠다는 각오로 하나하나 선택하게 됩니다. 환자가 그 정도의 무게감을 느끼면서 삶을 선택한다는 것을 이번 사례를 통해 알게 되었으리라 생각합니다.

삶의 터전이
삶의 질을 좌우한다

●

쓰지모토 다카코(82세 여성, 기초생활수급자)

병명: 폐결핵, 만성 기관지염(마스크형 인공호흡기 장착)

가족: 혼자 산다

●

여러분은 어디에 있을 때 가장 마음이 편한가요? 만약 여러분이 편안한 삶의 터전을 빼앗긴다면 어떤 마음이 들까요? 이번에는 삶의 터전이 얼마나 중요한지를 일깨워주는 사례를 소개합니다.

어느 날, 쓰지모토 씨에게서 전화가 왔습니다. 기침도 심하고 열도 나니 왕진을 와달라는 것이었습니다. 전화를 끊고 오래된 목조 주택에 사는 그를 찾아갔습니다. 방에 들어서자 매우 고통스러운 표정을 짓고 있는 그가 눈에 들어왔습니다. 호흡하기가 힘들었는지 마스크형 산소

호흡기도 끼고 있었습니다. 산소호흡기는 호흡을 돕는 기구로 탈부착이 용이하기 때문에 자유롭게 식사를 하거나 대화를 할 수 있습니다.

"이렇게까지 하며 살아야 하나요. 이딴 거 끼지 말고 그냥 이대로 죽었으면 좋겠어요."

"그런 말씀하지 마세요. 폐렴 증상이 있으니 항생물질을 처방하도록 하죠. 곧 좋아지실 거예요."

두 시간 정도 대화를 나누면서 항생물질과 솔루메드롤을 투여하자 이내 표정이 밝아진 그가 이렇게 말했습니다.

"힘들 땐 죽고 싶었는데 몸이 좀 편해지니 살아 있다는 것만으로도 감사하네요."

재택 호스피스 완화 케어를 시작한 지 1년이 지났을 무렵, 폐렴에 걸린 그가 극심한 통증을 호소했습니다. 그래서 이번에는 그에게 입원을 권했습니다.

"이번 폐렴은 아주 독한 놈이라 힘드시면 입원하시는 것도 괜찮을 것 같아요."

"더 힘들어지면 입원할게요. 근데 이대로 죽는 것도 나쁘지 않아요. 그냥 집에 있을래요."

그는 입원을 거부했지만 가족 없이 홀로 사는 환자가 이대로 죽어도 좋다고 하는데 그냥 내버려둘 수는 없었습니다. 난처해진 저는 먼 곳에 사는 그의 조카에게 전화를 걸어 상황을 설명했습니다.

"쓰지모토 씨가 입원을 거부하고 계시는데 이대로 놔두면 폐렴으로 돌아가실 수도 있습니다. 환자 본인은 집에 있길 원하시지만 입원할 수 있도록 환자분을 설득해주실 수 없나요?"

"숙모는 고집이 세시기 때문에 설득해도 소용없을 거예요. 원하시는 대로 해주세요. 만약 무슨 일이 생기면 제가 책임지겠습니다."

조카의 동의도 있었기에 지금까지처럼 재택의료서비스를 제공하기로 했습니다. 평소보다 많은 양의 항생물질과 솔루메드롤을 투여하자 바로 약효가 나타나 기력을 회복했습니다. 24시간 달고 있던 산소호흡기를 잠시 떼도 될 만큼 상태가 호전됐습니다. 놀러온 친구들과 수다를 즐기고 가끔은 외출도 하면서 예전보다 더 즐겁게 지냈습니다.

그런데 이번에는 그가 사는 집이 재개발로 없어질 위기에 처했습니다.

"몇십 년 동안 살아온 집을 떠나고 싶지 않아요. 친구도 여기에 다 있는걸요."

"시청 직원한테 이 부근에서 살 집을 구해달라고 부탁해보는 건 어떨까요?"

쓰지모토 씨는 기초생활수급자이기 때문에 월세가 3만 엔을 넘으면 안 됩니다. 하지만 3만 엔 이하짜리 집을 구하기란 여간 힘든 일이 아니었습니다. 겨우 구한 집은 지금 사는 집에서 4킬로미터나 떨어진 곳에 있는 월세 2만 8,000엔짜리 연립주택이었습니다. 새로 지은 집이라 깨끗했지만 입주자가 거의 없었습니다. 그는 생활소음이 전혀 들리지 않는 적막한 곳에서 혼자 살게 된 것입니다. 가끔 놀러오던 친구들의 발길이 차츰 뜸해지더니 어느 샌가 아무도 찾아오지 않게 됐습니다.

그는 산소호흡기를 떼면 혼자서 화장실에도 갈 수 있고 일상생활에도 지장이 없는 상태였기 때문에 요양보호사는 하루에 한두 번, 간호사는 한 달에 한 번만 그의 집을 방문했습니다. 친구는 물론 요양보호사도 자주 오지 않는 곳에 살면서 외로움은 점점 깊어만 갔습니다.

그는 죽고 싶다는 말과 예전 집으로 돌아가고 싶다는 말을 달고 살았습니다. 마음 편히 쉴 수 있는 집 그리고 친구들과 함께 보내는 즐거운 시간을 빼앗긴 그는 살아갈 기력도 희망도 모두 잃었습니다. 그러자 순식간에 체력도 떨어졌습니다. 말동무도 없는 곳에서 홀로 지내던 그에게 치매라는 병이 찾아왔습니다.

쓰지모토 씨는 홀로 사는 치매 환자라는 이유로 복지시설에 입소하게 됐습니다. 6년 동안 시설에서 생활한 그는 예전 집으로 돌아가고 싶다는 희망을 이루지 못한 채 세상을 떠났습니다.

남은 수명에 초점을 맞춰서 이번 사례를 이야기한다면, 원래 살던 곳에서 계속 생활했다면 6년 동안 살 수 있을지는 알 수 없습니다. 옛날 집이라 높은 문지방에 걸려 넘어져 골절상을 입었을지도 모릅니다. 하지만 삶의 질에 초점을 맞춰서 보자면 매우 비극적인 임종이었습니다. 정든 집과 친구를 잃고 시설에서 외롭게 지내다 세상을 떠난 것입니다. 쓰지모토 씨의 쓸쓸한 마지막 순간을 생각하면 제가 그의 삶에 조금만 깊게 관여했더라면 어땠을까 하는 아쉬움이 남습니다.

입원만이
최선은 아니다

●

마쓰오 구미(80세 여성)

병명: 심장판막증, 심부전

가족: 혼자 산다

●

때로는 환자가 원하는 행복한 삶이 환자의 행복을 바라는 주변 사람들이 생각하는 행복한 삶과 정반대인 경우도 있습니다. 한 번 죽으면 되돌릴 수 없기 때문에 다른 선택을 했더라면 하고 후회해도 소용없습니다.

병원이냐 집이냐를 놓고 고민하는 가족이 있다면 환자도 가족도 후회하지 않기 위해서는 환자 본인의 의사를 존중하라고 말하고 싶습니다. 이번에는 환자를 위한 마음이 역효과를 가져온 사례를 소개합니다.

2010년 1월, 심부전으로 오가사와라 내과를 다니던 마쓰오 씨에게서 통증을 호소하는 전화가 걸려왔습니다. 서둘러 왕진을 나가자 급성 심부전으로 인해 폐에 물이 찬 상태였기에 입원할 것을 권했습니다. 그런데 극심한 통증으로 인해 대화가 불가능한 상태였음에도 입원 이야기만 하면 그는 고개를 가로저으며 온몸으로 거부했습니다. 그가 완강하게 입원을 거부했기 때문에 멀리 떨어져 사는 여동생에게 전화를 걸어 설득해달라고 부탁했습니다.

'환자가 집에 있겠다고 하는데 왜 입원을 시키려고 하나요?', '환자가 원하는 대로 해줘야 하지 않나요?', '지금까지 했던 이야기랑 다르잖아요'라고 생각하시는 분들이 있을지도 모르기 때문에 보충 설명을 하겠습니다.

의사는 환자의 상황에 따라 치료 방향을 달리 해야 합니다. 입원치료를 해서 나을 수 있다면 당연히 입원을 권해야 하며 이는 의사로서도 당연한 의무입니다. 마쓰오 씨의 경우에는 입원치료를 받으면 나을 수 있지만 입원하지 않으면 사망할 가능성이 높다고 판단했습니다. 그래서 그의 여동생에게 언니를 설득해달라고 부탁한 것입니다. 그러나 그는 여동생의 필사적인 설득에도 완강히 입원을 거부했습니다.

"선생님, 언니가 무슨 일이 있어도 입원은 안 한다고 하니 집에서 치료받을 수 있게 해주세요."

여동생에게서 설득하는 데 실패했다는 연락을 받고 환자의 바람대로 재택의료서비스를 제공하기로 했습니다.

재택의료의 사령탑 역할을 담당하는 토털 헬스 플래너가 그에게 다음과 같은 의료서비스를 제공하라는 지시를 내렸습니다.

"방문 간호사는 요도 카테터를 삽입해주세요. 의료용 침대와 산소 호흡기는 제가 준비하겠습니다. 오늘은 요양보호사가 안 오는 날이기 때문에 조금 전에 돌보미 파견업체에 연락해 사람을 보내달라고 부탁했습니다. 마쓰오 씨의 집은 의료용 침대가 들어갈 공간이 없으니 다 같이 청소를 한 뒤에 넣도록 합시다."

그의 집 안은 온통 쓰레기 천지인 데다가 고양이와 쥐가 뛰놀고 벼룩과 진드기가 들끓었습니다. 토털 헬스 플래너의 지시를 받은 네 명의 방문 간호사가 대청소를 했습니다. 깨끗해진 그의 집에 산소호흡기와 의료용 침대를 들여놓고 나니 드디어 재택의료서비스를 제공할 수 있게 됐습니다.

그러나 중증 심부전을 앓고 있는 그에게는 남은 시간은 얼마 없었습니다. 환자 본인이 입원을 거부했다고 하더라도 집에서 사망하게 되면 책임을 묻게 되는 경우도 있기 때문에 환자를 그대로 방치할 수는 없습니다.

그래서 재택의료서비스를 제공하기에 앞서 여동생에게 다시 그를 설득해달라고 부탁했지만 역시나 입원을 거부했습니다. 하는 수 없이 동의서를 받기로 했습니다. 보통은 동의서를 받지 않지만 그 당시에 생각할 수 있는 최선의 치료를 거부한 환자의 의견을 존중하는 차원에서는 어쩔 수 없는 선택이었습니다.

심부전을 앓고 있는 그를 위해 비스듬한 자세를 유지할 수 있는 의료용 침대로 준비하고 이뇨제를 처방했습니다. 한결 편해진 그는 돌보미와 대화를 나눌 수 있을 정도로 상태가 호전됐습니다.

처음 왕진을 간 후 2개월이 지났을 때였습니다. 집에서 자유롭게 지낼 수 있다는 해방감 때문이었을까요? 마쓰오 씨가 담배를 피우고 말았습니다.

여기서 여러분에게 질문을 하나 하겠습니다. 산소호흡기를 달고 있는 그가 불이 붙은 담배를 피우면 어떻게 될까요? 여러분이 생각한 대로입니다. 담뱃불이 타올라 화상을 입었습니다. 후생노동성에서도 재택 산소요법을 하는 환자들에게 주의를 촉구하고 있습니다.

산소호흡기를 달고 있을 때는 담배를 피우지 말라고 몇 번이나 주의를 줬음에도 담배에 손을 댄 그는 자신의 앞머리가 타버린 것에 놀라 산소호흡기를 달고 있을 때는 담배를 피우지 않겠다고 약속했습니다. 그런데 너무 조심하다 보니 담배를 피울 때는 석유난로도 켜지 않았습니다.

추운 겨울에 차가운 바람이 고스란히 들어오는 낡은 집에서 난방도 하지 않은 채 있으면 추위로 혈관이 수축됩니다. 혈액 순환이 나빠지자 지난여름 벼룩과 진드기에 물렸던 자리에 큰 궤양이 생겼습니다. 매일 그의 집을 방문하던 간호사가 외래 진료를 하고 있는 저를 찾아와 이렇게 말했습니다.

"선생님, 마쓰오 씨를 이대로 놔둬서는 안 될 것 같아요. 날씨가 풀릴 때까지 한 달만이라도 깨끗하고 따뜻한 병원에서 지내시게 하는 게 어떨까요? 다른 분들은 모두 동의하셨는데 선생님 생각은 어떠세요?"

"환자분이 입원하신다고 하면 반대할 이유는 없죠."

모든 의료진의 동의를 구한 간호사는 입원을 권유하기 위해 그의 집을 갔습니다. 그토록 완강하게 입원을 거부하던 그가 이번에는 간호사의 말에 순순히 응했습니다. 그런데 입원한 지 사흘 만에 마쓰오 씨가 세상을 떠났습니다. 그에게 병원이라는 곳은 우리가 상상하는 것 이상으로 긴장하게 만드는 장소였던 것입니다.

그렇게 떠나간 그를 생각하면 지금도 너무나 가슴이 아픕니다. 하지만 저보다는 간호사가 더 큰 충격을 받았으리라 생각합니다. 의료 종사자는 환자를 위해 최선이라고 생각하는 의료를 선택합니다. 그런 마음은 병원에서 치료를 받든 집에서 치료를 받든 동일합니다. 그러나 때로는 최선의 선택이 역효과가 가져오는 경우도 있습니다. 마쓰오 씨의 경우는 정말 후회스러운 선택이 됐습니다.

계속 거부하던 그가 입원에 동의한 것은 재택 호스피스 완화 케어를 시작하고 나서 2년 반 동안 매일같이 찾아와 청소도 해주고 말동무도 해주면서 마음을 어루만져준 간호사를 절대적으로 신뢰했기 때문일 것입니다.

연명치료는
환자가 선택할 수 있어야 한다

●

미야타 히사시(70세 남성)

병명: 루게릭병

가족: 아내와 둘이 산다

●

집에서 임종을 맞이하기를 희망하는 환자는 자신의 상태가 급격하게 악화되면 마음속으로 제발 구급차를 부르지 말라고 외칠지도 모릅니다. 왜냐하면 병원은 구급차에 실려 온 환자를 어떻게든 살리려고 애쓰기 때문입니다. 예를 들면 갈비뼈가 부러지더라도 심폐소생술을 멈추지 않거나 인공호흡기로 호흡을 유지시키려 할지도 모릅니다.

소중한 사람의 마지막 소원을 이뤄주기 위해서는 구급차를 부르지 않을 용기와 배려가 필요합니다. 이번에는 그런 용기가 부족했던 가족의 사례를 소개합니다.

루게릭병은 원인불명의 신경변성질환으로 병이 진행되면 손발 움직이기, 말하기, 먹기가 불가능해지고 최종적으로는 호흡이 멈추게 됩니다. 증상이 심해지면 자연의 섭리에 맡겨 죽음을 받아들일지 아니면 인공호흡기를 달고 수명을 연장할지 선택을 강요받게 됩니다.

전자를 선택한 미야타 씨 부부에게 이렇게 말했습니다.

"고통 없이 지낼 수 있게 해드릴게요. 사망하기 전에 이산화탄소 농도가 짙어져 의식이 몽롱해지실지도 모르지만 임종 전 현상이라고 생각하세요. 이산화탄소 혼수라고 하는 건데 통증은 없으니 걱정하지 않으셔도 됩니다."

임종이 다가왔을 때 당황하지 않도록 차근히 설명했습니다.

그러나 막상 아빠의 임종이 임박했다는 소식을 듣고 달려온 아들이 구급차를 부르고 말았습니다. 어떻게 이런 일이 있을 수 있을까요? 병원에 실려 간 그에게 인공호흡기가 장착돼 본인의 의사와는 상관없이 생명을 연장하게 됐습니다.

인공호흡기를 장착한 대부분의 환자는 고통을 견디지 못하고 호흡기를 떼려고 합니다. 그래서 많은 병원에서는 고육지책으로 환자의 손을 침대에 묶기도 합니다.

구급차에 실려 갔다는 소식을 듣고 병원을 찾아가자 미야타 씨가 손짓으로 호흡기를 떼어달라고 울면서 호소했습니다. 그때의 눈물이 떠오를 때마다 지금도 가슴이 메어옵니다. 그는 1년이나 인공호흡기를 장착한 채 병원 생활을 하다가 집에 돌아오지 못하고 생을 마감했습니다.

이 사례를 통해 절실히 느낀 첫 번째 문제점은 위급한 상황일 때는 무조건 구급차를 불러야 한다는 인식이 뿌리 깊게 자리 잡고 있다는 것입니다. 함께 살지 않는 가족은 무슨 일이 생기면 구급차를 부를 확률이 높기 때문에 구급차를 부르지 않게 하기 위해서는 가족이 환자의 생각, 병세, 치료 방침 등의 정보를 공유할 필요가 있다고 생각합니다. 그래서 오가사와라 내과에서는 환자의 정보를 공유하고 열람할 수 있는 'THP+'라는 애플리케이션을 개발하게 됐습니다.

두 번째는 퇴원할 때 의사가 하는 말의 무게감입니다. 의사는 퇴원하는 환자에게 무슨 일이 생기면 바로 병원으로 오라고 말합니다. 이 말은 환자를 안심시키기 위해 하는 경우가 많습니다. 정말 입원이 필요할 때만 오라는 진의를 오해해 쉽게 구급차를 부른다면 고통스러운 연명치료를 받게 되거나 집에서 임종을 맞고 싶다는 희망을 이루지 못하게 될지도 모릅니다.

살릴 수 있는 환자는 살려야 합니다. 하지만 말기 암, 노환, 치매 등으로 자신의 의사를 표현하지 못하는 환자들의 경우에는 살릴 수 없다는 것을 알면서도 마지막까지 고통스러운 연명치료를 하게 됩니다. 억지로 삶을 이어가는 비극을 낳지 않기 위해서라도 재택의료서비스를 받는 경우에는 구급차를 부르기 전에 방문 간호사나 의사와 상담해보세요.

이런 비극을 예방하기 위해서는 ACP(Advance Care Planning, 사전 돌봄 계획)를 세우는 것이 좋습니다. 환자나 가족이 토털 헬스 플래너, 의사, 방문 간호사, 케어 매니저 등과 함께 연명치료를 할지 말지, 구급차를 부를지 말지 등을 미리 정해두는 것입니다. 의사결정능력이 없는 경우에라도 당사자가 연명치료에 대한 생각을 미리 밝혀둔다면 환자의 의사를 존중해줄 것입니다.

마지막으로 구급차를 부르는 비용이 없는 데서 비롯된 비극을 전하고자 합니다. 최근에는 가벼운 상처에도 구급차를 부르는 사람이 급증한 탓에 정말 필요한 사람이 이용할 수 없는 상황이 벌어지고 있습니다. 그 결과 살릴 수 있는 생명을 구하지 못하거나 상태가 악화되기도 합니다. 구급차를 택시 대신으로 사용해서는 절대 안 됩니다. 정말 필요한 사람이 필요할 때만 이용함으로써 살릴 수 있는 생명을 구하지 못하는 일이 일어나지 않기를 바랍니다.

어떤 죽음이
좋은 죽음인가

●

혼다 아야코(78세 여성)

병명: 위암(남은 수명 수일)

가족: 아들 내외, 손자와 같이 산다

●

이번에는 재택 호스피스 완화 케어를 통해 상태가 호전된 상황에서 환자가 사망하자 의료 과실이라고 오해한 사례를 소개합니다.

15년 전 어느 날, 혼다 씨의 아들 내외가 오가사와라 내과를 찾아왔습니다.

"선생님, 저희 엄마가 병원에 입원 중이신데요. 통증이 심해 먹지도 못하고 걷지도 못하세요. 주치의 선생님은 마음의 준비를 하라고 하시는데 엄마는 집으로 돌아가길 원하셔서요. 선생님께 진료를 부탁드리러 왔습니다."

저와 간호사가 혼다 씨가 입원 중인 병원을 찾아가 퇴원 후에 어떤 의료서비스를 제공받을 수 있을지에 대해 설명하고 나서 바로 퇴원할 수 있도록 도왔습니다. 집으로 돌아온 그에게 솔루메드롤을 처방하고 모르핀 투여량을 늘리자 재택 호스피스 완화 케어를 시작한 지 닷새 만에 만면에 미소를 지을 정도로 상태가 호전됐습니다.

"선생님, 이제 밥도 먹을 수 있고 아들과 같이 미용실에도 갈 수 있을 만큼 좋아졌답니다."

엄마의 호전된 모습을 보고 아들 내외도 기뻐했습니다.

그로부터 2주일 후 그는 갑자기 거동을 못하게 됐습니다. 그의 집에 모인 가족과 친척들 앞에서 이제 얼마 남지 않았으니 마음의 준비를 하라고 말했습니다. 그러자 일면식도 없는 친척이 이런 말을 꺼냈습니다.

"이상하네요. 3일 전에도 건강했는데 약을 잘못 먹은 거 아니에요. 진료기록 좀 보여주세요."

의료소송이라도 제기할 듯한 험악한 분위기에 놀란 저는 지금까지의 경과를 설명했습니다.

"퇴원했을 때부터 이미 가망이 없는 상태였습니다. 그런 환자분이 집에 돌아와 2주일 동안이나 즐겁고 활기차게 지내실 수 있었다는 것 자체가 기적이라고 생각하지 않으세요? 상태가 호전됐다고 해서 병이 완치된 것은 아닙니다. 병원에서 마지막까지 고통받으며 생을 마감하는 게 나은 죽음일까요? 잠자듯 평온하게 죽는다는 게 바로 이런 겁니다."

재택의료를 시작하기 전에 설명을 들은 가족은 제 말을 이해하는 듯했지만 친척들은 수긍하지 못하는 모습이었습니다. 그리고 3일 후 혼다 씨는 자신이 바라던 대로 집에서 생을 마감했습니다.

어떤 상황에 대해 미리 말하는 것은 설명이지만 나중에 말하는 것은 변명이 되기 때문에 친척들의 반응은 어쩔 수 없는 것일지도 모릅니다. 이번 사례는 '이별 안내서'(28페이지 참조)를 만들게 되는 계기를 마련해줬지만 친척들은 충분히 이해시키지 못했다는 점에 대해서는 아쉬움이 남습니다.

가끔 건강하지 않은 말기 암 환자가 어떻게 잠자듯 평온하게 삶을 마감할 수 있느냐고 묻는 분이 있습니다. 하지만 재택 호스피스 완화 케어를 받은 대부분의 말기 암 환자는 병이 완치됐다고 착각할 정도로 상태가 호전됐다가 걸을 수 없게 되면 3~7일 사이에 세상을 떠나게 됩니다. 생을 마감하기 직전까지 활기차게 살다가 떠날 때는 잠자듯 평온하게 숨을 거두는 것입니다.

6장

·
·

더 없이
빛나는
삶

아이들에게
생명의 소중함을 일깨워주다

●

요시나가 다쓰야(40대 남성)

병명: 위암, 장폐색

가족: 아내, 두 자녀와 같이 산다

●

여러분이 말기 암이라는 진단을 받는다면 어린 자녀에게 그 사실을 알
릴 수 있을까요?

어느 날, 요시나가 씨가 입원 중인 병원에서 오가사와라 내과의 토
털 헬스 플래너에게 전화를 걸어왔습니다.

"40대 장폐색증 환자가 퇴원을 원하고 있어서 연락드렸습니다. 장
폐색으로 인한 통증을 가라앉히기 위해 산도스타틴(Sandostatin)을 피하
주사했는데 퇴원 후에도 계속 투여해야 할 것 같습니다. 환자분 집 근

233

처에는 산도스타틴을 처방하는 의사가 없어서 30킬로미터나 떨어진 오가사와라 내과를 찾아가보라고 했는데 부탁드려도 될까요?"

"네, 저희 병원이 맡도록 하죠. 다만 조금 멀기 때문에 환자분 집 근처에 있는 병원과 협업해 재택의료서비스를 진행하겠습니다."

전화를 끊고 협업할 수 있는 병원을 찾던 중 오쓰카라는 의사와 연락이 닿았습니다.

"오쓰카 선생님, 죄송하지만 저희 병원과 협업해 재택의료를 제공할 수 있을까요?"

제가 협업을 요청하자 오쓰카 의사가 이렇게 말했습니다.

"네, 좋습니다. 하지만 저는 산도스타틴이나 완화 케어에 필요한 약을 다룬 적이 없어서요. 오가사와라 선생님께 배우면서 진행해도 될까요?"

"네, 그렇게 하시죠. 그럼 제가 주치의를 맡고 오쓰카 선생님은 저를 도와주세요."

완화 케어를 시작하기 위해 요시나가 씨의 집을 처음 방문한 날, 오쓰카 의사는 10킬로미터 떨어진 곳에서, 방문 간호사와 케어 매니저는 각각 15킬로미터 떨어진 곳에서, 약사는 20킬로미터 떨어진 곳에서 그의 집을 찾아왔습니다. 의료진이 한자리에 모여 앞으로의 치료 방침과 재택 호스피스 완화 케어를 어떻게 제공할지 등에 대해서 이야기를 나눌 때였습니다. 그가 의료진을 향해 이렇게 말했습니다.

"거동을 못하게 되면 입원하겠습니다."

"왜요? 재택 호스피스 완화 케어라면 마지막까지 통증 없이 집에서 지내실 수 있습니다. 게다가 자녀분들하고 같이 있는 게 좋지 않으세요?"

그의 말에 당황한 제가 되묻자 군은 표정으로 이렇게 대답했습니다.

"집에 돌아와서 너무 좋지만 거동을 못하게 되면 입원하겠습니다."

그의 부인은 일을 못하게 된 남편을 대신해서 집에서 20킬로미터나 떨어진 직장까지 매일 차로 출퇴근하며 중학교 1학년 아들과 초등학교 5학년 딸을 위해 열심히 일하고 있었습니다. 이렇게 바쁘게 생활하면서도 집에 오고 싶다는 남편의 소망을 이뤄주기 위해 남편의 간병도 도맡으려고 했습니다. 그는 부인의 이런 마음을 알고 있었던 것입니다.

그날은 재택 호스피스 완화 케어를 시행함에 있어서 중요한 체크 포인트를 확인한 날이었습니다.

"참, 아이들에게는 아빠가 암에 걸렸다는 사실을 이야기했나요?"

요시나가 씨도 그의 부인도 고개를 가로저었습니다.

"어린아이들한테 아빠가 말기 암에 걸렸다는 말을 못하겠더라고요."

"그렇군요. 하지만 저는 이야기하는 게 좋다고 생각합니다. 만약 아이들이 충격을 받을까봐 걱정되신다면 제가 말해드릴까요? 아이들의 심리 상태도 확인해야 하니까요."

그로부터 한 달이 지난 어느 날, 그의 집으로 왕진을 갔을 때였습니다. 평소에는 이 아저씨는 누구지 하는 얼굴로 맞이하던 초등학생 딸이 그 날은 저를 보고 인사를 했습니다. 그 모습을 바라보던 부인이 기쁜 듯이 이렇게 말했습니다.

"아들에게 아빠가 암에 걸렸다는 사실을 알렸더니 여동생한테도 말해준 것 같아요. 아이들이 아빠를 대하는 태도가 완전히 달라졌어요. 아빠한테 적극적으로 말을 걸기도 하고요. 산이나 강에서 어떻게 놀아야 하는지 가르쳐달라고 하거나 화장실에 갈 때 부축해주기도 한답니다."

첫 왕진 때는 시종일관 굳은 표정을 짓고 있던 요시나가 씨도 표정이 한결 편해졌습니다. 퇴원하고 두 달이 지났을 때였습니다. 그가 저를 비롯한 의료진과 취재 기자가 모여 있는 앞에서 부인에게 이렇게 말했습니다.

"병원에서는 할 일이 아무것도 없어서 따분했는데 집에서는 자유롭게 지낼 수 있고 가족들 얼굴도 매일 볼 수 있어서 너무 좋아. 혼자서는 걷지도 못하게 됐지만 아픈 데는 없어, 가능하다면 이대로 집에서 지냈으면 좋겠는데 당신 생각은 어때? 간병하려고 직장 관둘 생각은 하지 마."

그의 말은 듣고 있던 저는 부인에게 이렇게 말했습니다.

"부인께서 직장을 관두면 남편분도 다시 입원하실 거예요."

왕진을 끝내고 병원으로 돌아가는 길에 기자가 이렇게 말했습니다.

"선생님께서 직장을 관두지 말라고 하신 이유는 부인이 곁에 없을

때는 남편이 세상을 떠나지 않는다고 생각하셨기 때문인가요? 선생님
께서 돌보는 환자들 대부분은 누군가가 곁을 지켜줄 때 세상을 떠나는
것 같아요."

늦은 봄, 부인이 점심을 준비하기 위해 집으로 돌아왔을 때였습니
다. 아내와 어린아이들이 지켜보는 가운데 요시나가 씨가 머나먼 여행
을 떠났습니다.

남편이 세상을 떠난 지 1주일 후에 단골 약국을 찾아간 부인이 약
사에게 이런 말을 했다고 합니다.

남편이 집에서 편히 눈감을 수 있어서 너무 좋았습니다.
아이들에게 생명의 촛불이 서서히 꺼져가는 과정을 몸소 가르쳐준 것
같아요. 아이들도 아빠가 화장실 갈 때 부축해주기도 하면서 아빠 곁을
끝까지 지켜줬고요.
딱 하나 마음에 걸리는 건 돼지고기 된장국을 먹고 싶어 했는데
일이 바빠서 만들어주지 못했다는 거예요.

한 달 후, 그의 부인이 아이들을 데리고 오쓰카 의사가 근무하는 병
원을 찾아와 만면에 웃음을 띤 채 이렇게 말했습니다.
"선생님, 감사합니다. 아이들에게 생명의 소중함을 일깨워줄 수 있
는 기회를 주셔서요."

훗날, 오쓰카 의사는 저에게 부인이 한 말을 전하며 자신의 소회도

밝혔습니다.

죽음을 체험함으로써 생명의 소중함을 알게 되는데도 학교에서는 삶에 대해서만 가르칠 뿐 죽음에 대해서는 다루지 않는 게 아쉽습니다. 환자들에게 재택의료는 더할 나위 없이 좋은 의료인 것 같습니다. 저도 생의 마지막을 집에서 가족과 함께 보내고 싶어졌습니다. 오가사와라 선생님께 또 배울 기회가 있기를 바랍니다.

오쓰카 의사의 도움을 받으면서 저도 많은 것을 배웠습니다. 요시나가 씨는 아이들에게 진실을 알림으로써 많은 추억을 만들 수 있었습니다. 또 아이들도 아빠가 마지막 순간까지 최선을 다해 살려고 하는 모습을 곁에서 지켜보면서 생명의 소중함을 배울 수 있었다고 생각합니다.

| 타 지역 병원과 협업할 수 있다면 원거리라도 괜찮다 |

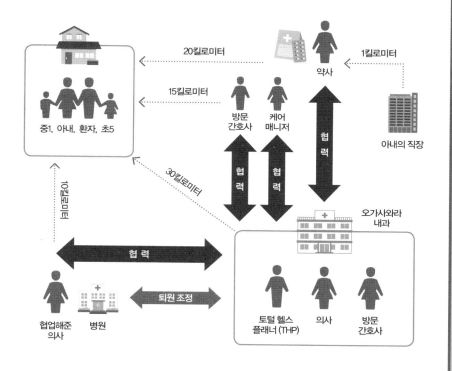

마지막까지 의연했던
두 아이의 엄마

●

호리 준코(35세 여성)

병명: 위암, 난소 전이, 폐 전이, 암성흉막염 등(남은 수명 3개월)

가족: 남편, 두 자녀와 같이 산다(낮에는 간병인 없이 혼자 지낸다)

●

젊은 나이에 병에 걸린 엄마가 어린아이들을 남겨두고 세상을 떠나는 것만큼 안타까운 일이 또 어디 있을까요? 이번에는 서른다섯 살에 3개월 시한부 선고를 받은 여성이 엄마로서 마지막까지 의연한 모습을 보여준 사례를 소개합니다.

2011년 5월, 호리 씨의 남편이 20킬로미터나 떨어진 오가사와라 내과를 찾아와서는 이렇게 말했습니다.

"아내가 2년 전에 위암 수술을 받고 나서 꾸준히 통원 치료를 하고 있는데요. 죽고 싶다는 말을 달고 삽니다. 그냥 놔두면 안 되겠다 싶어 정신건강의학과에서 항우울제를 처방받아 복용시키고 있는데도 전혀 좋아지지 않아서 선생님을 찾아왔습니다. 저희 집으로 왕진을 와주실 수 있나요?"

"부인께서 많이 힘드시겠어요. 바로 왕진을 나가죠. 하지만 좀 멀기 때문에 환자분 집 근처에 있는 병원과 협업을 하게 될 것 같습니다."

며칠 후 협업을 하게 될 의사와 함께 호리 씨의 집을 방문했습니다.

"안녕하세요? 오가사와라라고 합니다. 잠은 잘 주무시나요?"

"아니요. 그저 죽고 싶습니다."

"왜 죽고 싶으신데요?"

"엄마로서 해줄 수 있는 게 아무것도 없어서 죽고 싶어요. 아내로서 도 해줄 수 있는 게 없고요."

떨리는 목소리로 대답하는 그에게 위로의 말을 건넸습니다.

"밥은 챙겨주지 못하더라도 잘 잤냐, 잘 다녀 왔냐, 잘 자라는 인사 는 할 수 있잖아요. 아이들 곁에 있어 주잖아요."

"그냥 죽고 싶어요."

"옆에서 자고 있는 것만으로도, 살아있는 것만으로도, 아이들은 엄 마의 사랑을 느낄 수 있습니다."

"이렇게 사느니 차라리 죽는 게 나아요."

한 시간에 걸쳐 이야기를 해도 돌아오는 대답은 죽고 싶다는 말뿐 이었습니다. 최악의 사태를 각오하고 그의 손을 잡았습니다. 그리고 조금 뜸을 들이다 그에게 물었습니다.

"계속 죽고 싶다고 하시는데 이 방 안에서 가장 먼저 죽는 사람이 누구일 것 같으세요?"

그 자리에 있던 남편의 얼굴이 굳어졌습니다. 호리 씨는 눈을 크게 뜨고는 거친 호흡을 내뱉었습니다. 그와 맞잡은 손의 집게손가락을 가만히 펴서 맥을 짚어보자 맥박이 빠르게 뛰고 있었습니다. 모두가 숨을 죽이고 있는 가운데 그와 맞잡은 손에서는 떨림만이 전해졌습니다. 잠시 후 그는 저를 똑바로 쳐다보면서 이렇게 대답했습니다.

"그야, 저겠죠."

"맞아요. 여기에 있는 모든 사람들이 다 그렇게 생각할 거예요. 죽고 싶다고 말하지 않으셔도 환자분이 가장 먼저 세상을 떠나실 거라고 생각합니다. 죽고 싶다는 말을 달고 살면 면역력이 떨어져 정말 빨리 돌아가실 수도 있어요. 아이들 방학이 끝나기 전에 돌아가실 수도 있습니다. 하지만 잘 자고 몸과 마음을 따뜻하게 하고 잘 웃으면 오래 사실지도 모릅니다. 여름방학 때 아이들하고 여행도 떠나실 수 있고요."

3장에서 언급했듯이 환자에게 진실을 알릴 때나 중요한 이야기를 할 때 저는 환자의 손을 잡고 맥을 짚어봅니다. 손을 잡고 눈을 보면서 천천히 이야기하면 환자의 마음을 읽을 수 있기 때문입니다.

"죽고 싶다는 이야기는 그만하시고 앞으로 어떻게 살지에 대해서 생각합시다. 어린아이들도 생각하셔야죠."

최악의 상황을 각오하지 않으면 앞으로 나아갈 수 없습니다. 저의 냉정한 말을 통해 현실을 파악한 그는 죽고 싶다는 말을 두 번 다시 하지 않게 됐습니다. 거기에 그치지 않고 한동안 만나지 않았던 친구들과 만나거나 아이들의 축구 시합을 보러 가는 등 하루하루를 즐겁게 보냈습니다.

오가사와라 내과에서는 원격진료라고 해서 화상 전화기를 이용한 진료 시스템을 도입하고 있습니다. 화상 전화기라면 언제 어디서든 서로의 얼굴을 보면서 대화할 수 있기 때문에 환자에게 안심감을 심어줄 수 있습니다. 특히 집이 먼 환자에게 유효한 진료 수단 중 하나입니다.

7월에 들어서면서 원격진료를 시작했습니다.

"선생님, 열이 있는 것 같아 체온을 재보니 39.3도인데요."

"그럼, 늘 처방하던 약을 드릴게요. 간호사에게도 전달해야 하니 전화를 바꿔주세요. 저는 오후에 그쪽으로 가겠습니다."

"아뇨, 안 오셔도 돼요. 오늘 얼굴이 많이 피곤해 보이세요. 늘 투여하던 약이니 걱정하지 마세요."

말기 암 환자인 호리 씨가 의사인 저를 걱정해준 것입니다. 죽고 싶다는 말만 반복하던 그에게 삶의 희망이 싹트기 시작했다는 것을 확신했습니다.

삶에 희망을 품기 시작하면 의학적으로는 설명할 수 없는 힘이 생기는 경우가 있습니다. 아이들을 위해서 조금이라도 오래 살고 싶다는 엄마의 강한 의지가 그의 일상생활 동작능력을 향상시켰습니다. 여름방학이 끝나기 전에 죽을 수도 있다는 말을 들었던 그가 아이들과 1박

2일 여행을 다녀왔습니다.

여름방학이 끝나고 9월에 들어서자 그의 상태가 점점 악화됐습니다. 주민센터에서 의료용 침대를 대여해주고 실버 인재센터(은퇴 고령자의 재취업을 돕는 자주적 단체_옮긴이)에 소속된 어르신이 갓 수확한 채소나 달걀을 가지고 와서 식사를 만들어줬습니다. 더불어 아로마테라피스트는 무상으로 아로마 마사지를 해줬습니다.

10월 중순이 되자 가득찬 복수로 인해 거동이 불편해졌습니다. 재택의료를 시작하기에 앞서 호리 씨 부부에게 거동을 못하게 되면 마음의 준비를 해야 한다고 말해놓았기 때문에 남편은 거동이 불편해진 아내를 보고 남은 시간이 얼마 없음을 직감했습니다. 그러나 정작 당사자인 호리 씨는 이렇게 말했습니다.

"선생님, 복수를 빼면 다시 걸을 수 있지 않을까요?"

"그럼, 검사를 해볼까요? 휴대용 초음파 검사기를 댁으로 가지고 갈 테니 병원에는 안 오셔도 됩니다."

원격진료를 마친 뒤 초음파 검사기사와 방문 간호사에게 호리 씨의 집을 방문하도록 지시했습니다. 그의 집을 찾아간 초음파 검사기사가 초음파 검사를 하고 방문 간호사가 병원에 있는 저에게 화상 전화기를 통해 초음파 영상을 보여주면서 원격진료를 진행했습니다.

"호리 씨, 복수가 빼야할 정도로 차지는 않았네요."

검사 결과를 전달하자 그가 기쁜 듯이 말했습니다.

"다행이네요. 11월에 아이들하고 온천에 가기로 약속했거든요. 감사합니다."

11월 15일 저녁 무렵, 아내와 함께 프로야구를 관람하고 있을 때였습니다. 간호사에게서 그의 맥박이 뛰지 않는다는 보고를 받고 가족을 부르라고 지시했습니다.

간호사는 남편에게 이렇게 말한 뒤 그의 집을 나왔습니다.

"이제 마음의 준비를 하셔야 할 것 같습니다. 마지막 시간은 가족끼리만 보내고 싶으실 테니 저는 이만 가보겠습니다. 환자분이 고통스러워하시면 좌약을 사용해주세요. 혹시 무슨 일이 생기면 바로 연락주시고요."

평소에는 시합이 종료될 때까지 야구 경기를 관람하지만 그 날은 왠지 예감이 안 좋아 8회 말까지만 보고 나서 운동장을 빠져나왔습니다. 서둘러 집으로 향하고 있는데 호리 씨의 남편에게서 전화가 왔습니다.

"선생님, 아내가 이상해요. 숨쉬기가 힘든지 쌕쌕거리는 소리를 내고 있어요."

뭔가 잘못됐다는 생각이 들어 한달음에 그의 집으로 향했습니다. 집까지 꽤 먼 거리를 달려야 했기 때문에 밤 11시가 다 되어서야 도착할 수 있었습니다. 침대에 누워 고통스러워하는 그가 눈에 들어왔습니다. 큰소리로 이름을 부르고 어깨를 흔들어도 아무 반응이 없었고 맥박도 뛰지 않았습니다.

"통증을 느끼지 못하기 때문에 아프시진 않을 텐데 이상하네요. 하지만 맥박이 뛰지 않기 때문에 이제 곧 숨이 멎으실 거예요. 저도 함께 곁을 지키겠습니다.”

　그런데 그 후에도 호흡을 멈췄다가 다시 쉬는 일이 반복됐습니다. 일반적으로는 생각할 수 없는 상황이 이어졌습니다. 보통은 혈압이 떨어지고 맥박이 뛰지 않으면 사망에 이르는데 그는 맥박이 뛰지 않은 지 이미 몇 시간이 지난 상태였습니다. 죽음의 문턱에서 잠들지 못하는 이유를 생각하다가 문득 떠오른 것이 있었습니다.

　“예전에 부인께 되도록 일찍 자라는 말을 한 적이 있는데 그때 부인께서 자영업을 하는 남편이 우리들을 먹여 살리기 위해 열심히 일하고 있을 시간인데 어떻게 먼저 잠을 자냐고 하시더라고요.”

　“그러고 보니 아내는 늘 저에게 푹 자야지 내일도 아이들을 위해서 일할 수 있다고 말하곤 했어요. 그럼, 아내는 제가 먼저 자기를 기다리는 거군요.”

　“그것밖에는 지금의 상황을 설명할 길이 없어요. 저도 이만 돌아가겠습니다.”

　시계를 보자 밤 12시였습니다. 호리 씨 남편은 아내 양 옆에 아이들을 누이고 나서 자신도 서둘러 이불 속으로 들어갔습니다. 새벽 2시, 남편이 잠에서 깨 아내의 얼굴을 봤을 때는 이미 평온하게 숨을 거둔 후였습니다. 한 방에 나란히 누워 있는 아이들과 남편의 모습을 보고 안심한 듯 머나먼 여행을 떠난 것입니다.

　그가 세상을 떠난 뒤 1주일쯤 지났을 때 감사 인사를 전하기 위해 병원에 온 남편이 이렇게 말했습니다.

"선생님, 제 아내 좀 칭찬해주세요. 죽고 싶다는 말을 달고 살던 아내가 선생님 말씀 한마디에 확 달라져서는 아이들을 위해 웃으며 살려고 애쓰더라고요. 11월에는 약속했던 온천 여행도 다녀왔습니다. 근데 그것뿐만이 아니에요. 아이들이 친구들 때문에 학교에 가기 싫다며 울면서 집에 온 적이 있는데요. 침대에서 일어나지도 못하는 아내가 마지막 힘을 다해 일어나서는 쓰러지지 않으려고 버티며 울고 있는 아이들의 이야기를 다 들어주는 거예요. 아이들이 울음을 그치자 간신히 목소리를 짜내 자신은 지금까지 살아오면서 불행하다고 생각한 적은 단 한 번도 없었다고 말해주더군요. 아내는 서른다섯 살의 젊은 나이에 어린아이들만 남겨두고 세상을 떠나야 하는데도 말이죠. 아내의 말에 힘을 얻은 아이들은 가슴을 펴고 당당하게 학교에 다니고 있답니다. 선생님, 우리 아내 대단하지 않나요? 칭찬 좀 해주세요."

"몇 번을 칭찬해도 부족함이 없는 분이죠. 부인을 생각하니 목이 메어오네요. 일전에는 아드님이 저에게 감사 인사를 하더군요. 그동안 참 많은 일이 있었네요."

이야기를 마친 뒤 함께 사진을 찍으려고 하자 그의 남편이 가슴을 쫙 펴고 브이 포즈를 취했습니다. 그 모습에 놀란 저와 간호사가 허둥대며 브이 자를 그렸습니다.

엄마가 앞으로 몇 개월, 아니 며칠밖에 살지 못한다고 한다면 아이들이 가장 원하는 것은 무엇일까요? 병들어 누워 있는 엄마라도 집에 같이 있어 주기를 원하지 않을까요? 그리고 엄마에게 있어 삶의 희망은 아이들과 같은 공간에서 숨 쉬며 살아가는 것이 아닐까요?

집에서 지낸다면 아이들에게 마지막까지 엄마의 따뜻한 온기를 전해줄 수 있습니다. 호리 씨처럼 시한부 인생을 의연하게 받아들이는 모습을 보일 수 있는 것도, 서서히 꺼져가는 생명의 소중함을 가르칠 수 있는 것도 생의 마지막을 병원이 아닌 집에서 보냈기 때문에 가능하다고 생각합니다.

손자들에게
죽음의 의미를 몸소 알려주다

●

쓰치다 세쓰코(62세 여성)

병명: 결장암, 간 전이, 간성뇌증(남은 수명 수일)

가족: 혼자 산다

●

엔젤케어란 고인의 시신을 닦은 다음 수의를 입히고 화장을 해주는 것을 말하는데 일본에서는 간호사가 엔젤케어를 전문적으로 담당합니다. 이번에는 손자들이 할머니에게 엔젤케어를 해준 사례를 소개합니다.

　어느 금요일 낮, 쓰치다 씨의 두 아들과 두 딸 그리고 큰며느리 이렇게 다섯 명이 병원을 찾아왔습니다. 그중 큰아들이 이렇게 말했습니다.

　"말기 암 진단을 받은 엄마가 아무래도 오래 못 사실 것 같은데 퇴원을 간절히 바라세요. 혼자 사시는 엄마를 집으로 모실 수 없어서 고민하고 있는데 주치의 선생님이 의뢰서를 써줄 테니 오가사와라 내과를 찾아가보라고 하시더라고요. 선생님, 퇴원해도 될까요?"

"그야 물론 가능하죠. 그런데 환자분 집은 어디에 있나요?"

"오가사와라 병원에서 20킬로미터 정도 떨어진 곳에 있습니다. 그래도 지금 입원 중인 병원보다는 가깝습니다."

"그래요. 좀 멀긴 한데 환자분 집 근처에 있는 병원과 협업하면 되니까 걱정 안 하셔도 됩니다. 근데 병원에서 집까지 거리가 좀 있기 때문에 집에 돌아가는 도중에 사망하게 될 수도 있습니다."

아무 말 없이 제 말을 듣고 있던 딸이 이렇게 말했습니다.

"차 안에서 죽다니요. 상상하기도 싫습니다."

"그럼, 어머님께 퇴원은 포기하시라고 말할 수밖에 없습니다."

"그런 말을 어떻게 해요. 애초에 혼자 사는 노인이 집에서 임종을 맞이한다는 것 자체가 불가능한 거 아닌가요?"

"지금까지 혼자 사시는 환자분들의 재택 임종을 많이 봐왔기 때문에 불가능하지는 않다고 말씀드릴 수 있습니다. 하지만 언제 숨을 거두시게 될지는 모릅니다. 돌아오는 차 안에서 사망할 가능성도 배제할 수는 없어요."

불안해하는 가족을 위해 말을 이어갔습니다.

"하지만 잘 생각해보세요. 퇴원을 원하시는 어머님이 집으로 돌아갈 수 있다는 말을 들으신다면 마음에 희망이 생기지 않을까요? 병원에서 생을 마감하시는 것보다는 집으로 간다는 기쁨을 안고 돌아가시는 게 낫지 않을까요? 만약 차 안에서 숨을 거두시게 되면 시신을 차로 옮겨서는 안 됩니다. 사망진단서가 필요하기 때문이에요. 그러나 호흡이 멈췄는지 아닌지 잘 모를 때는 집으로 모셔도 별 문제 없을 거예요."

두어 시간에 걸쳐 설명하자 그 자리에 있던 다섯 명이 모두 엄마의 바람을 이뤄주는 것이 마지막 효도라는 데 동의했습니다.

그런데 이튿날은 모리오카에서 열리는 학회에 참석해 강연을 해야 했기에 쓰치다 씨가 퇴원해서 집으로 돌아와도 왕진을 나갈 수 없었습니다. 그래서 그의 가족에게 전화를 했습니다.

"죄송한데요. 오늘 오후 비행기로 모리오카에 갔다가 일요일 저녁에나 돌아올 것 같아서 퇴원을 조금 미뤘으면 해서 연락드렸습니다. 환자분께도 월요일에 퇴원하실 수 있다고 전해주세요. 집으로 돌아갈 수 있다는 희망을 품고 계시기에 쉽게 돌아가시지는 않을 거예요."

월요일, 그는 아직 생존해 있었습니다. 그뿐만 아니라 몸 상태도 조금 호전된 듯 구급차 기사에게 집으로 가는 길을 안내하기도 했습니다. 차에서 내려서는 가족의 부축을 받긴 했지만 두 발로 걸어서 집으로 들어갔기 때문에 모두 깜짝 놀랐습니다.

집에 들어서는 그의 모습이 참 행복해 보였습니다. 그는 침대에 걸터앉은 채 기념사진을 찍기 시작했습니다. 손자들과 다정하게 웃으며 사진을 찍는 그를 보고 가족도 퇴원하길 잘 했다며 좋아했습니다. 퇴원한 다음 날에 친구들과 수다를 떨며 즐거운 시간을 보내던 쓰치다 씨는 그 날 저녁에 가족이 지켜보는 가운데 조용히 눈을 감았습니다.

퇴원한 후 36시간 만에 세상을 떠난 것입니다.

다음 날 아침, 사망 소식을 듣고 저와 토털 헬스 플래너가 그의 집을 찾아가자 맏아들이 가까운 친척들과 함께 장례 이야기를 나누고 있었습니다. 그들을 지나쳐 평온하게 누워 있는 그의 머리맡에 앉았습니다.

"얼굴이 평온해 보이시네요."

제 말이 끝나기 무섭게 그의 가족이 우리 곁으로 다가왔습니다. 며칠 전에 병원에 왔던 며느리는 제게 이런 말을 했습니다.

"어젯밤, 수학여행에서 돌아온 아들에게 어머님이 유언을 남기셨어요. 어머님의 호흡이 느려지는 것을 보고 제 아이들이 죽지 말라며 할머니를 어루만지면서 울더라고요. 숨이 멈춘 걸 확인하고 나서 어른들이 간호사와 함께 수의를 입히려고 하자 아이들이 엔젤케어를 대신하겠다며 나서는 거예요. 어머님은 아이들에게 사람은 죽으면 온몸이 차가워져 다시는 온기를 찾을 수 없다는 걸 몸소 가르쳐주셨어요. 아이들도 할머니의 몸을 만지며 생명의 소중함을 깨달았을 거예요. 우리 가족 모두 어머님께 고맙고 사랑한다고 눈물로 감사 인사를 전했습니다."

그 자리에 있던 가족의 눈가에는 눈물이 고이고 입가에는 옅은 미소를 드리워져 있었습니다. 제가 다 같이 기념사진을 찍자고 제안하자 누군가가 큰소리로 이렇게 말했습니다.

"모두 치즈 하고 웃어요. 손은 브이 자를 그리고요."

브이 자를 그리며 기념사진을 찍는 모습을 보고 옆방에 있던 이웃

들이 어이가 없다는 표정을 지었기 때문에 브이의 의미를 차근히 설명했습니다.

쓰치다 씨가 퇴원하고 나서 세상을 떠날 때까지는 36시간이라는 짧은 시간이었지만 힘들고 고통스러운 죽음을 웃으며 맞이하게 한 36시간이기도 했습니다. 저는 이것이 재택 호스피스 완화 케어가 주는 선물이라고 생각합니다.

아이들이 재택 호스피스 완화 케어를 경험함으로써 남을 돌보려는 마음이 우러나온다면 친구를 괴롭히는 일도 적어지지 않을까요? 머지않아 그들은 지역 밀착형 포괄 케어를 시행하는 데 큰 역할을 담당할 뿐 아니라 사회를 변화시키는 인재가 되리라 생각합니다.

집에서
죽을 수 있는 사회

●

모리 야스히로(78세 남성)

병명: 확장형 심근증(중증 심부전), 폐기종

가족: 아내, 아들 내외, 손자와 같이 산다

●

이번에는 퇴원하는 것조차 마음대로 할 수 없었던 환자의 기적 같은 사례를 소개합니다.

2014년 어느 날, 기후 시내에 병원을 개업한 이마이 의사에게서 전화가 왔습니다. 이마이 의사는 순환기내과 전문의로 일본 재택의학회에 소속된 의사입니다.

"퇴원을 요구하는 중증 심부전 환자가 있다는 연락을 받았는데요. 상태가 좀 심각합니다. 마스크형 인공호흡기를 달고 있을 뿐만 아니라 카테콜아민(Catecholamine, 교감신경자극전달물질)을 지속적으로 투여하고 있다고 하네요. 선생님은 어떻게 생각하세요? 어떻게든 환자분의 소망을 들어드리고 싶지만 카테콜아민을 주사한 적이 없어서 망설여지네요."

"카테콜아민을 투여받는 환자가 인공호흡기도 달고 있는 경우는 저도 처음인데요. 하지만 25년 전부터 카테콜아민을 사용해왔으니 제가 도와드리도록 하죠. 환자분께 퇴원해도 된다고 전해주세요."

모리 씨가 퇴원해서 집으로 돌아오면 이마이 의사가 주치의, 제가 부주치의를 맡기로 했지만 그의 건강 상태는 매우 심각했습니다. 중증 심부전 치료에 필요한 카테콜아민을 정맥주사하고 있고, 폐기종에 의한 호흡부전 증상을 완화하기 위해 마스크형 인공호흡기를 달고 있으며, 심장 기능을 나타내는 EF 수치가 20퍼센트(정상 55~85퍼센트)로 현저히 저하된 상태였습니다.

그런데 퇴원한 직후부터 그의 얼굴에는 웃음이 끊이질 않았습니다. 퇴원 후 8일 동안은 집에서의 생활을 만끽하며 즐겁게 지내던 그가 퇴원 열흘째 되던 날에 갑자기 혈압이 떨어지더니 그만 세상을 떠나고 말았습니다.

마침 그 날은 강연 때문에 병원을 비웠던 저는 의료진이 THP+에 올린 글을 보고 환자의 상태를 확인했습니다.

방문 간호사(8일 21:20) 이마이 선생님, 환자분의 임종이 임박한 것 같은데 가족에게는 언제 알려야 할까요?

오가사와라(8일 23:00) 소중한 사람의 죽음을 받아들일 수 있도록 주치의 선생님이 전하시는 게 나을 것 같습니다. 하지만 희망의 끈을 놓지는 맙시다.

이마이 의사(9일 0:00) 부인께 소변량이 줄었다고 말씀드렸더니 무슨 의미인지 이해하시고는 하늘의 뜻을 기다린다고 하셨습니다.

9일 새벽 5시에 모리 씨가 숨을 거뒀습니다.

가족(9일 13:30) 돌아가셨다는 게 실감이 나지 않습니다. 집에서 가족과 함께 지낼 수 있었던 것은 저희 가족 모두에게 큰 행운이었습니다.

모리 씨를 떠나보내고 5시간이 지난 뒤에 그의 부인이 THP+에 올린 글에는 스마일 이모티콘이 삽입돼 있었습니다.

언제 갑자기 세상을 떠날지 모르는 상황에서 스스로 재택의료를 선택하는 데에는 환자 본인도 가족도 마음의 각오가 필요하다고 생각합니다. 퇴원이 불가능할 거라고 생각했던 그는 집으로 돌아가고 싶다는 자신의 바람을 이루고 8일 동안 행복한 하루하루를 보낼 수 있었습니다. 그 선택이 좋았는지 나빴는지에 대한 대답이 바로 그의 부인이 작성한 글에 삽입된 스마일 이모티콘이라고 생각합니다.

2016년 3월, 후생노동성 주최로 열린 완화 케어 추진에 관한 검토회에서 어느 심사관이 회의의 구성원이었던 저에게 이런 질문을 했습니다.

"일본에서 시행하는 완화 케어는 암 환자만을 대상으로 하고 있는데 반해 외국에서는 비암 질환 환자들에게도 완화 케어를 시행하고 있습니다. 일본도 외국처럼 지원 범위를 넓혀야 하지 않을까요?"

"제 경험을 바탕으로 말씀드리면 암 환자는 물론이고 심부전, 뇌졸중, 치매 환자로까지 지원 범위를 확대할 필요가 있다고 생각합니다."

2016년부터 심부전 환자에게도 재택의료서비스를 제공하자는 움직임이 일고 있습니다. 머지않아 심부전을 앓고 있는 환자도 재택 호스피스 완화 케어를 받을 수 있으리라 기대합니다. 퇴원이 불가능한 환자라도 본인이 원한다면 집에서 임종을 맞을 수 있는 날이 하루빨리 오기를 바랍니다.

오가사와라 분유(의사) 오가사와라 내과

2014년 3월 8일 23:00

오가사와라 내과 소속 간호사가 하루에 4~5회 정도 환자분 집을 찾아가고 있지만 4회 이상은 요양급여를 청구할 수 없기 때문에 봉사한다는 마음으로 방문하고 있습니다.

그런데 좋은 일을 하면 복이 온다는 게 사실인가 봅니다.

○○○ 씨가 신경써주신 덕분에 업무 부담을 덜 수 있었습니다.

○○○선생님, 이번에 함께 협업하게 돼 영광이었습니다.

가족분들도 기뻐하실 거라고 생각합니다.

하루 소변량이 100밀리리터 이하인 상태가 지속되면 1주일을 넘기기 힘들고 갑자기 사망하는 경우도 있습니다.

여기에 올린 글을 가족분들도 보시기 때문에 어느 정도 마음의 준비는 하셨겠지만 소중한 사람의 죽음을 받아들일 수 있도록 주치의 선생님이 전하시는 게 나을 것 같습니다. 하지만 희망의 끈을 놓지는 맙시다.

※저자가 THP+에 올린 글

258

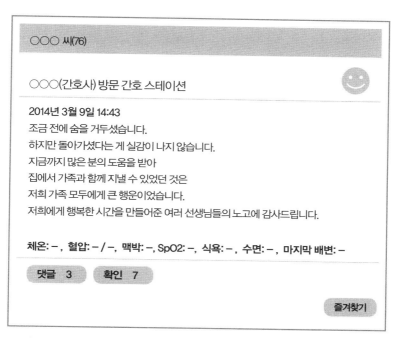

○○○ 씨(76)

○○○(간호사) 방문 간호 스테이션

2014년 3월 9일 14:43
조금 전에 숨을 거두셨습니다.
하지만 돌아가셨다는 게 실감이 나지 않습니다.
지금까지 많은 분의 도움을 받아
집에서 가족과 함께 지낼 수 있었던 것은
저희 가족 모두에게 큰 행운이었습니다.
저희에게 행복한 시간을 만들어준 여러 선생님들의 노고에 감사드립니다.

체온: − , 혈압: − / − , 맥박: − , SpO2: − , 식욕: − , 수면: − , 마지막 배변: −

댓글 3 | 확인 7

즐겨찾기

※ 모리 씨가 세상을 떠난 직후에 그의 가족이 THP+에 올린 글이다. 오른쪽 상단에 스마일 이모티콘이 있다.

부모가 안심하고
아이를 맡길 수 있는 시스템

●

하세가와 아이(9세 여아)

병명: 아급성괴사성 뇌척수염(리이증후군)

가족: 부모, 언니와 같이 산다

●

이번에는 인공호흡기를 단 소아 환자가 재택의료서비스를 받은 사례를 소개합니다.

　하세가와 사나 양과 하세가와 아이 양은 리이증후군을 앓고 있는 귀여운 자매입니다. 리이증후군(Leigh Syndrome)이란 현대 의학에서는 아직 치료법이 확립되지 않은 난치병으로 정신 발달이 지체되거나 근육장애, 연하장애, 호흡장애 등을 일으킵니다. 자매가 모두 리이증후군을 앓고 있었지만 동생인 아이 양의 상태가 더 위중했습니다.

아이 양은 생후 11개월까지는 어르면 웃거나 장난감을 가지고 놀거나 주변 사물을 잡고 일어서는 등 정상적인 발육 상태를 보였습니다. 그런데 생후 12개월이 됐을 무렵부터는 아무리 얼러도 웃지 않았습니다. 21개월이 되자 기지도 못하고 잡고 일어서지도 못하게 됐습니다. 아이의 건강에 이상이 있다고 생각한 엄마는 아이를 데리고 병원에 갔습니다. 검사 결과 리이증후군이라는 진단을 받고 바로 입원하게 됐습니다.

어느 날, 아이 양의 주치의에게 재택의료서비스를 제공해달라는 의뢰서를 받고 방문 간호사들과 함께 아이 양이 입원한 병원을 찾아갔습니다.

"처음 뵙겠습니다. 주치의인 아사쿠라입니다. 이번에 재택의료를 제공할 소아 환자는 열한 살 하세가와 사나 양과 아홉 살 하세가와 아이 양입니다. 두 자매 모두 병원 생활을 하며 특수학교에 다니고 있고 어머님은 매일 병원에서 쪽잠을 주무시고 계세요. 며칠 전에 어머님께서 딸들하고 목욕을 하고 싶다며 퇴원시켜달라고 하시더라고요. 퇴원 후에도 주치의로서 치료를 진행하겠지만 재택의료는 오가사와라 선생님께서 담당해주시면 감사하겠습니다."

"그렇게 하죠. 어린 환자를 맡는 건 처음이니 많이 도와주세요."

환자가 퇴원한 후에는 병원, 오가사와라 내과, 오가사와라 방문 간호 스테이션이 협업해 가정에서 요양할 수 있도록 지원하기로 했으며 재택의료서비스를 제공받는 다른 환자들과는 다르게 위급한 상황이

261

발생하면 구급차를 불러 병원에 가기로 협의한 후에 퇴원 수속을 밟았습니다.

가정용 소아호흡기를 한 번도 사용해본 적이 없던 저와 간호사는 재택의료서비스를 제공하기에 앞서 아사쿠라 의사에게서 소아호흡기 사용법을 직접 배웠습니다. 중증 리이증후군을 앓고 있는 아이 양은 누군가의 도움 없이는 거동을 하지 못했지만 컨디션이 좋은 날에는 인공호흡기를 뗄 수 있었습니다. 또한 불수의운동이라고 해서 자신의 의지와는 상관없이 자면서도 계속 몸을 움직이기 때문에 몸을 누르고 있어야 했습니다. 앉을 때도 일반 의자에 앉으면 미끄러지기 때문에 미끄러지지 않게 잡아주는 의자를 특별 제작해야 했습니다.

처음으로 아이 양 집을 찾아간 날이었습니다. 집에 들어서자 아이 양의 다리를 누르고 있던 엄마가 이렇게 말했습니다.

"텔레비전에서 아이들 목소리가 들리면 가만히 텔레비전을 응시해서 늘 어린이 프로그램을 틀어놓고 있어요."

아이 양 쪽으로 시선을 옮기자 손발을 움직이면서도 초롱초롱한 눈으로 가만히 텔레비전을 보고 있었습니다. 아이 양은 말을 하지는 못하지만 눈도 보이고 귀도 들렸습니다. 갑자기 상태가 나빠져 병원으로 옮겨지는 일이 잦았지만 아홉 살에 퇴원한 후 6년 동안 가족과 함께 집에서 지내다 열다섯 살에 세상을 떠났습니다.

언니인 사나 양은 스물한 살이 된 지금도 건강히 잘 지내고 있습니다. 하지만 동생을 떠나보낸 후에는 컨디션이 좋지 않은 날이 많아졌습니다.

사나 양을 진료하기 위해 왕진을 나간 어느 날, 사나 양의 엄마가 이렇게 말했습니다.

"저 맑고 투명한 눈으로 늘 저를 바라보고 있답니다."

사진 속 아이 양은 늘 웃는 얼굴로 가족을 바라보고 있었습니다.

리이증후군 환자에게는 음식물이 기도로 넘어가는 일이 자주 발생하기 때문에 위루라고 해서 위에 직접 영양분을 보내기 위해 구멍을 뚫는데 아이 양 역시 위루술을 받았습니다. 게다가 기관절개술을 통해 인공호흡기도 달고 있던 상태였습니다. 기관을 절개하면 기계와 폐를 튜브로 연결하는데 몸이 기관 내 삽관된 튜브를 이물로 인식해 필연적으로 가래가 증가합니다. 아이 양을 간병할 때 결코 빠트려서는 안 되는 일이 가래를 빼주는 것이었습니다. 두 시간 간격으로 가래를 빼줘야 했기 때문에 가족에게는 매우 부담이 컸습니다.

아이 양에게 재택의료서비스를 제공하는 과정에서 가래를 빼주는 일이 가족에게 부담이 된다는 사실을 절실히 느꼈기 때문에 2012년에는 오가사와라 내과에 근무하는 전 직원에게 가래 제거하는 방법을 가르쳤습니다. 이것은 일본의 후생노동성이 채택한 재택의료 연대거점 사업의 일환으로 실시한 것인데 이와 같은 노력을 통해 가족의 부담을 줄일 수 있는 재택의료서비스를 제공할 수 있기를 바랍니다.

하세가와 사나, 하세가와 아이 자매는 중증도는 달라도 동일한 질병을 앓고 있었기 때문에 어느 한 명이 입원하면 나머지 한 명도 같이 입원할 수 있어 엄마도 병원에서 지내며 아이들은 돌볼 수 있었습니다. 하지만 형제 중 한 명만 질병을 앓고 있다면 엄마는 집과 병원을 매일 오가야 합니다. 그렇게 되면 병원에 있는 아이나 집에 있는 아이 중 한 명이 엄마의 빈자리를 느끼게 될 것입니다.

아이들은 엄마와 함께 있을 때 가장 행복하고 안정감을 느낄 것입니다. 아이 양의 사례는 가정에서도 부모가 안심하고 아이를 맡길 수 있는 시스템과 아이들 간병을 도맡는 엄마를 위한 지원책이 필요하다는 사실을 일깨워줬습니다.

소아 환자에게 재택의료서비스를 제공할 수 있는 의사가 아직은 많지 않은 것이 현재 실정입니다. 재택의료는 제공할 수 있으나 소아 전문의가 아니거나 재택의료를 제공할 여유가 없을 정도로 바쁜 소아과 의사가 많아 소아 환자를 위한 재택의료는 거의 시행되지 않고 있습니다. 그러나 재택의료 전문의와 소아과 의사가 제대로 협업한다면 집으로 돌아갈 수 있는 아이들이 증가할 것입니다.

남겨진 가족의 눈물을
웃음으로 바꿔주는 의료

●

기무라 코지(70세 남성)

병명: 결장암 말기

가족: 혼자 산다

●

그리프 케어(Grief Care)라는 말을 아시나요? 소중한 사람을 잃은 이의 슬픔과 상실감을 치유해주는 것이 그리프 케어입니다. 이번에는 아빠의 임종을 지키지 못했다는 죄책감에 시달리던 딸이 그리프 케어를 통해 웃음을 되찾은 사례를 소개합니다.

어느 날, 기후현에서 병원을 개업한 시미즈 의사에게서 전화가 걸려왔습니다.

"선생님, 홀로 사는 말기 암 환자분이 퇴원을 간절히 바라시는데 저희 병원 근처에는 재택의료서비스를 제공하는 의사가 없어서 연락드렸습니다. 유일하게 경험이 있는 저도 선생님 옆에서 보조 역할을 했을 뿐이라서 망설이고 있는데 병원에서는 달리 부탁할 의사가 없다고 하네요. 그래서 선생님께 도움을 받으려고 하는데 부탁드려도 될까요?"

"네, 괜찮습니다. 이번에는 시미즈 선생님이 주치의를 맡고 제가 부주치의를 맡도록 하죠."

며칠 후, 퇴원한 기무라 씨의 집에 의료진이 모여 회의를 열었습니다. 막 퇴원했을 때는 고열, 부종 등을 호소했으나 진통제를 복용하고 나서부터는 주변 사물을 잡고 걸을 수 있는 상태가 됐습니다.

그날 회의에는 그가 사는 지역에서 여섯 명(시미즈 의사, 방문 간호사 두 명, 케어 매니저, 요양보호사 두 명), 오가사와라 내과에서 네 명(의사 두 명, 토털 헬스 플래너, 방문 간호사) 이렇게 열 명이 모여 홀로 사는 환자가 집에서 임종을 맞을 수 있도록 지원하는 방법을 모색했습니다. 또한 도쿄에 사는 딸이 걱정하지 않도록 THP+나 화상 전화기를 활용해 환자의 상태를 알리기로 했습니다.

재택 호스피스 완화 케어를 시작하고 얼마 지나지 않아 딸에게서 전화가 왔습니다.

"선생님, 저희 아빠는 좀 어떠신가요?"

"편안해 보이세요. 그동안 40여 명의 홀로 사시는 환자분들에게 재택의료를 제공해드린 경험이 있고 시미즈 선생님도 도와주고 계시니 걱정하지 않으셔도 됩니다. 만약 아버님이 입원하고 싶다고 하신다면 언제든 입원할 수 있으니 안심하세요."

화상 전화기로 아빠의 모습을 보여주자 딸은 안심한 듯 웃음을 보였습니다. 딸의 불안감을 해소해주기 위해 THP+를 통해 수시로 그의 건강 상태를 보고했습니다. 다음은 THP+에 올린 글의 일부입니다. 기무라 씨의 딸은 THP+에 올린 사진 속 아빠의 미소를 보고서야 안심한 것 같았습니다.

거동이 불편해 혼자서는 화장실에도 못 가시기 때문에 요도 카테터를 삽입했습니다.

미용실에 가고 싶다고 하셔서 케어 매니저가 미용사를 집으로 불러 이발을 해드렸습니다.

몸이 부어서 허리를 조이는 팬티형 기저귀 대신 테이프형 기저귀로 바꿨습니다.

침대에 앉아 요양보호사가 만들어주는 요리를 맛있게 드셨습니다.

오늘도 즐겁게 지내셨습니다.

세상을 떠나기 전날의 일입니다. 그의 혈압이 갑자기 떨어지더니 마침내 몸을 전혀 움직일 수 없는 상태가 됐습니다. 시미즈 의사가 딸에게 전화를 했습니다.

"아버님이 오늘밤을 넘기기 힘드실 것 같습니다."

한동안 말이 없던 딸이 힘겹게 입을 열었습니다.

"어떡하죠? 제가 오늘은 못 가거든요. 빨라야 내일 아침 첫차로 갈 수 있을 것 같아요. 오늘밤은 고모한테 저희 집에 가도록 부탁해보겠습니다."

다음 날 아침, 기무라 씨가 숨을 거두기 전까지의 상태입니다.

5시 30분: 보호자로부터 환자의 호흡이 느려지고 있다는 연락을 받은 방문 간호사가 그 사실을 시미즈 의사에게 알렸다.

6시 00분: 시미즈 의사가 서둘러 환자의 집으로 향했다.

6시 30분: 진료를 마친 시미즈 의사는 환자에게 남은 시간이 얼마 없음을 확인하고 딸이 아빠의 임종을 지킬 수 있을지 걱정하며 병원으로 돌아갔다.

7시 30분: 방문 간호사가 시미즈 의사에게 환자가 사망했다는 소식을 전했다.

8시 조금 지나서: 왕진을 온 시미즈 의사가 심폐정지를 확인했다. 환자 보호자와 방문 간호사에게 사망 시각은 8시 ○○분이라고 알리고 환자 집을 나왔다.

숨을 거두고 나서 7분 정도 흐른 뒤 딸이 도착했습니다. 딸은 아빠의 얼굴을 보자마자 울음을 터뜨렸습니다.

"아빠! 제가 10분만 빨리 왔어도 볼 수 있었는데…. 아빠 늦어서 죄송해요."

그의 딸이 THP+에 올린 글을 보고 오늘 아침 첫차로 온다는 사실을 알고 있었던 저는 딸이 도착했는지 확인하기 위해 방문 간호사에게 전화를 걸었습니다.

"선생님, 어쩌죠. 따님이 돌아가신 아버님 곁에서 서럽게 울고만 있네요."

방문 간호사에게 전화를 바꿔달라고 했습니다.

"따님이 오기를 기다리시다 지친 아버님이 역까지 마중을 나가셨다고 생각해요. 아버님의 임종을 지켜드리지 못했다고 해서 그렇게 자책하지 않아도 됩니다. 따님이 혼자 살기 때문에 절대 퇴원은 안 된다고 했다면 아버님은 집에서 임종을 맞으실 수 없었어요. 임종을 지켜보신 고모님이 마지막까지 평온한 얼굴이었다고 하셨으니 아버님은 소원을 이루신 거예요. 그러니 너무 슬퍼하지 말고 호상이라고 생각해 주세요."

"퇴원하고 집에 오신 아빠한테 다시 입원하지 않으셔도 되냐고 여쭤볼 때마다 마지막까지 집에서 지내고 싶다고 강한 어조로 말씀하셨어요. 그래서 혼자 계실 때 세상을 떠나시더라도 아빠의 마지막 소원을 들어드리자고 생각했습니다. 하지만 역에 도착했을 때 숨을 거두셨다는 연락을 받고 10분만 빨리 왔어도 아빠를 볼 수 있었다는 생각에 눈물이 나더라고요."

"시미즈 선생님도 오전에는 외래 진료가 있어서 오후에 저와 둘이서 댁으로 갈게요."

전화를 끊고 나서 시미즈 의사에게 전화를 걸었습니다.

"시미즈 선생님, 수고하셨습니다. 10분만 더 기다리셨으면 좋았을 텐데 안타깝네요."

"죄송합니다. 환자분 누님이 곁을 지키고 있었기 때문에 미처 거기까지 신경 쓰지 못했습니다. 오전에는 외래 진료도 있고 해서 병원으로 돌아왔는데 지금 생각해보니 고인의 마지막 가는 길을 따님이 함께했으면 좋았겠다 싶습니다. 개업한 지 1년 반밖에 되지 않아 경험이 많지는 않습니다. 선생님하고 같이 돌본 두 명의 홀로 사시는 환자분을 포함해 총 네 명의 환자분들에게 재택의료서비스를 제공하면서 모르핀을 피하 주사할 수 있게 됐습니다. 하지만 재택의료를 제공할 때는 가족의 마음도 헤아려야 한다는 걸 최근에야 알았습니다. 앞으로는 환자의 마음은 물론이고 가족의 마음까지도 배려하는 의사가 되겠습니다. 선생님, 도와주셔서 감사했습니다."

소중한 사람과 이별할 때는 떠나는 사람도 떠나보내는 사람도 마음이 복잡할 것입니다. 그렇기 때문에 재택의료서비스를 제공하는 의사는 딸이 도착할 때까지 기다렸다가 아빠의 임종을 지켜보며 이별 인사를 나눌 수 있는 시간을 만들어줘야 합니다. 이별의 시간을 가져야만 소중한 가족의 죽음을 편안하게 받아들일 수 있기 때문입니다. 기무라 씨의 딸에게도 그렇게 했다면 후회의 눈물을 흘리는 일은 없었을 것입니다.

풀이 죽은 시미즈 의사에게 위로의 말을 건넸습니다.

"선생님 잘못은 아니니 너무 자책하지 마세요. 따님에게 오후에 간다고 약속했으니 시미즈 선생님도 함께 가시죠."

아침 진료를 마치고 시미즈 의사와 함께 기무라 씨의 집을 찾아갔습니다. 현관을 들어서는데 그의 딸이 미소로 맞아주며 감사 인사를 했습니다.

아침에 전화했을 때는 울고 있던 딸이 눈물을 웃음으로 바꾸고 맞아준 것입니다. 이별의 눈물을 흘리면서도 입가에는 미소를 띠는 딸과 함께 브이 자를 그리며 사진을 찍었습니다.

그리프 케어란 남겨진 가족의 눈물을 웃음으로 바꿔주는 것입니다. 그리프 케어 서비스를 제공하고자 할 때는 눈물을 웃음으로 바꿀 수 있는 노하우를 익혀야 한다고 생각합니다. 그러나 더 중요한 것은 그리프 케어가 필요하지 않은 재택의료서비스를 제공하는 것입니다.

안심감을
심어주는 장치

●

가야하라 요코(91세 여성)

병명: 식도암, 고혈압, 심방세동, 심부전(남은 수명 3개월)

가족: 혼자 산다

●

예전에는 350킬로미터나 떨어진 곳에서 진료를 할 수 있다고는 아무도 생각하지 못했습니다. 하지만 통신 기술이 발달함에 따라 원거리 진료가 가능해졌습니다. 이번에는 원격진료의 중요성에 대해 이야기하고자 합니다.

2014년 6월, 가야하라 씨의 딸이 병원을 찾아왔습니다.

"선생님, 오랜만에 뵙습니다. 그동안 잘 지내셨나요? 선생님을 만난 덕분에 동생을 좋은 곳으로 보낼 수 있었습니다. 엄마도 만족해하셨어요."

"벌써 10년 전 일이네요. 오늘은 무슨 일로 오셨나요?"

"오늘은 엄마 일로 왔습니다. 엄마가 식도암에 걸리셨는데 아빠와 추억이 담긴 집에서 생을 마감하고 싶다고 하셔서요. 그 소원을 들어 드리고 싶지만 혼자 사시는 게 마음에 걸립니다."

"제가 도와드리죠. 혼자 사신다고 해도 마지막까지 집에서 지내실 수 있으니 안심하세요."

30분 정도 이야기를 나누자 한시름 놓은 듯했습니다. 식도암에 걸린 가야하라 씨를 위해 재택 호스피스 완화 케어를 시작했습니다. 그에게 영양주사를 처방하고 의료진이 역할을 분담해 보살폈습니다. 상태가 호전된 그는 집에서의 삶을 즐길 수 있게 됐습니다. 하지만 완화 케어를 시작한 지 수개월이 지났을 무렵부터 극심한 통증에 시달리게 돼 통증을 가라앉히기 위해 모르핀을 처방했습니다.

그로부터 얼마 지나지 않아 전혀 거동을 못하게 된 그는 전화도 걸 수 없는 상태가 됐습니다. 그래서 환자 본인과 가족이 안심할 수 있도록 터치패널식 화상전화기를 침대 옆에 설치했습니다.

"화상 전화기가 있으니 안심이 되네요. 혼자 살아도 문제없겠어요."

화상 전화기를 도입하고 반년 정도는 별 탈 없이 즐겁게 지냈습니다.

2015년 1월, 새해 첫 진료를 위해 그의 집을 방문했습니다.

"선생님, 새해 복 많이 받으세요. 올해도 잘 부탁드립니다."

"올해로 아흔둘이 되셨네요. 새해 첫 날이 생일이라니 두 배로 축하 드려요."

"하하하, 두 배로 축하받을 만하죠. 생일날에는 딸과 설음식을 만들 어 먹었답니다."

진료를 보며 즐거운 대화를 나누다 병원으로 돌아왔습니다.

1월 7일, 음식은 물론 모르핀도 복용하지 못하게 된 가야하라 씨에 게 1장에서 소개한 바 있는 자가통증조절장치를 사용하기로 했습니 다. 자가통증조절장치로 통증이 해소된 그는 딸에게 이제 좀 살 것 같 다며 좋아했습니다.

1월 9일, 그의 집을 방문했을 때의 일입니다. 딸이 어제 엄마와 둘 이서 한바탕 웃음을 터뜨렸던 일화를 들려줬습니다.

"혼자 살아도 집에서 임종을 맞을 수 있다니 엄마는 100퍼센트 만 족해."

"엄마 나도 100퍼센트 만족해."

딸의 말을 들은 가야하라 씨는 이렇게 대답했다고 합니다.

"그럼 둘이 합하면 200퍼센트 만족하는 거네. 하하하."

1월 11일 밤, 가나가와현 가마쿠라시에서 강연을 하고 있던 저는 THP+에 올라온 글을 보고 혈압이 갑자기 떨어져 그의 병세가 악화됐 다는 사실을 확인했습니다.

1월 12일 아침에는 방문 간호사가 연결해준 화상 전화기를 통해 그 를 진료했습니다. 기후현에 사는 그를 350킬로미터나 떨어진 가마쿠라시에서 원격진료한 것입니다.

"환자분 상태는 어떤가요?"

방문 간호사에게 묻자 태블릿 PC를 가야하라 씨에게 보여주면서 이렇게 말했습니다.

"의식이 뚜렷하지 않습니다."

"환자분, 여기 보세요. 오가사와라 선생님이에요."

태블릿 PC 화면에 가득 찬 제 얼굴을 보고 그가 웃음을 터뜨렸습니다. 원격진료를 통해 눈에 생기를 되찾은 그는 도쿄에서 한달음에 달려온 딸, 손주들과 즐거운 한때를 보냈습니다.

밤 12시가 조금 지났을 무렵, 할머니의 호흡이 멈췄다는 사실을 알게 된 손주가 자신의 엄마에게 이 사실을 알렸습니다. 그의 딸은 엄마의 모습을 보고도 당황하는 기색 없이 엄마의 상태를 지켜봤습니다. 그러자 호흡이 멈췄다가 다시 숨을 쉬기를 반복하고 있었습니다. '이별 안내서'(28페이지 참조)를 읽은 적이 있는 딸은 차분히 엄마 곁을 지키며 못 다한 이야기를 했습니다.

그리고 새벽 2시, 그는 잠자듯 평온하게 세상을 떠났습니다. 방문 간호사의 도움을 받아 엔젤케어를 마친 그의 가족은 잠시 이별의 시간을 보냈습니다. 아침 11시에 방문한 저에게 딸이 이렇게 말했습니다.

"선생님, 팔짱 낄까요?"

가야하라 씨의 딸, 토털 헬스 플래너 두 명, 그리고 저 이렇게 네 명이 팔짱을 낀 채 브이 자를 그리며 사진을 찍었습니다. 네 명이 여덟 개의 브이를 그렸다는 것은 그가 행복한 임종을 맞이했다는 표시일 것입니다.

　이미 여러 번 소개한 바 있는 화상 전화기를 이용한 원격진료는 일본 정부의 규제개혁추진회의에서 검토하고 있는 진료 방법입니다. 오가사와라 내과에서는 이미 15년 전부터 화상 전화기를 이용한 원격진료를 도입했으며 후생노동성의 원격진료 과학연구반의 일원으로서 원격진료를 보급하는 데 힘을 쏟고 있습니다.

　원격진료는 의사의 부담만 줄여주는 것이 아닙니다. 멀리 떨어진 곳에서도 환자의 상태를 적절하게 판단할 수 있을 뿐만 아니라 의사의 얼굴을 보는 것만으로도 안심이 된다는 환자도 많아 가정에서 임종을 맞이하길 원하는 환자의 소원을 이뤄준다는 관점에서도 유용한 진료입니다. 다만 원격진료를 하기 위해서는 반드시 방문 간호사와 협업을 해야 합니다. 그렇게 하지 않으면 오진할 위험성이 높기 때문에 주의가 필요합니다.

오가사와라 분유(의사) 오가사와라 내과 　　　　　　　중요

2015년 1월 13일 14:30
방문 간호사의 도움으로 어제 원격진료를 했다.
환자의 이름을 부르자 눈을 크게 뜨고는 모니터를 쳐다봤다.

in 가마쿠라시

※가마쿠라시에 있던 저자가 화상 전화기를 이용해 350킬로미터나 떨어진 곳에 있던 가야하라 씨를 원격
　진료했다.

환자에게
진정으로 필요한 것

●

오카사 마사코(73세 여성)

병명: 췌장암, 간 전이, 당뇨병(남은 수명 1주일)

가족: 남편과 둘이 산다

●

2016년 1월 19일에 NHK의 시사 보도 프로그램인 〈클로즈업 겐다이〉
에서 '임종을 어떻게 맞이할 것인가? 완화적 진정을 둘러싼 갈등'이라
는 특집 방송을 내보냈습니다. 방송 내용은 참기 힘든 고통에 시달리
는 환자에게 진정제를 투여함으로써 계속 잠들게 하는 완화적 진정요
법이 환자 본인에게나 가족에게 정말 행복한 선택인지를 묻는 것이었
습니다. 저는 게스트로 출연해 제가 돌보던 환자인 오카사 씨를 밀착
취재한 영상을 방송을 통해 공개했습니다.

완화적 진정은 병원에서 널리 시행되는 치료법입니다. 병원에서 완화적 진정요법을 경험한 의사들이 재택의료서비스를 제공할 때도 사용함으로써 지금은 재택의료 현장에서도 널리 시행되고 있습니다.

그러나 완화적 진정요법은 오가사와라 내과에서 시행하는 '야간 세데이션'과는 전혀 다른 것입니다. 완화적 진정이란 계속 잠들게 함으로써 견디기 힘든 통증을 해소하는 의료행위입니다. 계속 잠을 자기 때문에 환자는 통증을 느끼지 못하고 간병하는 가족도 편합니다. 그래서 완화적 진정요법을 희망하는 분들도 있겠지만 저는 완화적 진정요법은 최후의 수단이라고 생각합니다.

방송에서는 완화적 진정요법에 대해 반대 입장을 표명했는데 저에게 주어진 시간이 짧았기 때문에 미처 설명하지 못한 부분도 있었습니다. 여기서 완화적 진정요법을 최후의 수단이라고 생각하는 이유를 오카사 씨의 사례를 통해 설명하겠습니다.

① 갑작스러운 시한부 선고

2015년 6월, 건강을 자랑하던 오카사 씨가 복통을 호소하며 집 근처 병원을 찾아갔습니다. 검사 결과 췌장암이 의심된다는 진단을 받았습니다. 췌장암 여부를 확인하기 위해 병원에 입원해 정밀 검사를 했습니다.

"오카사 씨, 검사 결과가 나왔는데 췌장암이 맞네요. 8월 4일에 수술합시다."

수술할 날만 기다리고 있는 그에게 의사가 이번에는 이런 말을 했습니다.

"오카사 씨, 암이 전이됐는지 확인하는 게 좋겠어요. 8월 3일에 MRI(자기공명영상) 검사를 받으러 병원으로 오세요."

주치의의 말에 따라 MRI 검사를 받으러 병원에 간 부부는 전이된 곳이 없다는 검사 결과가 듣고 안도의 한숨을 쉬며 집으로 돌아왔습니다.

수술 당일, 수술 예정 시간은 6시간이었습니다. 하지만 수술실에 들어간 지 한 시간 반 만에 그가 수술실을 나왔습니다. 주치의에게 불려간 남편은 믿을 수 없는 이야기를 들었습니다.

"환자분의 배를 열었더니 암이 간으로 전이된 상태였습니다. 더 이상 손을 쓸 수가 없을 정도로 암이 퍼져서 그대로 배를 닫았습니다."

오카사 씨도 암이 간으로 전이됐다는 사실을 알게 됐습니다. 주치의의 잘못된 판단으로 인해 화가 머리끝까지 나있던 부부는 5개월 시한부라는 청천벽력 같은 소리를 듣고 망연자실했습니다. 희망이 보이지 않는 상황에서 입원치료를 이어가던 10월의 어느 날, 이번에는 폐쇄성 황달에 걸리고 말았습니다.

그 후, 고여 있는 담즙을 밖으로 빼내기 위해 스텐트를 삽입하거나 경피경간 담낭배액술을 시행하는 등 힘겨운 투병생활을 5개월이나 이어갔습니다.

12월에 들어서자 병세가 급격히 악화돼 구토와 통증이 심해진 그는 퇴원시켜달라고 애원했습니다.

12월 22일, 그의 남편이 자신의 단골 의사였던 저에게 상담을 하러 왔습니다.

"아내가 췌장암으로 입원 중인데요. 12월에 접어들면서 상태가 급격하게 악화됐는데도 퇴원시켜달라고 하는데 어떻게 해야 하나요?"

"환자분이 원하신다면 퇴원하실 수 있도록 도와드리죠."

"이렇게 심각한 상태로 퇴원해도 될까요?"

"계속 병원에 계시면 병이 낫나요?"

"아뇨, 아내에게는 남은 시간이 얼마 없습니다. 저도 지금처럼 아내가 입원한 병원에서 생을 마감하는 건 바라지 않아요."

"퇴원을 망설이다가는 병원에서 임종을 맞으실 수도 있어요."

세 시간 후 오카사 씨는 담낭에 배액관을 삽입한 채 퇴원했습니다. 집에 돌아온 그에게 바로 재택 호스피스 완화 케어를 시작하자 구토 증세와 통증이 가라앉았습니다. 오랜만에 웃음을 되찾은 아내를 보고 남편도 입가에 미소를 띠었습니다. 하지만 그 웃음 뒤에는 그늘이 있었습니다.

② 완화적 진정과 야간 세데이션

퇴원하고 나흘 뒤, 그의 상태가 급변했습니다.

12월 26일, 왼쪽 몸이 마비되고 언어장애가 발생해 집에서 뇌졸중 치료를 받았습니다.

12월 27일, 밤낮이 바뀌고 오연성 폐렴으로 인한 고열, 섬망 증상에 시달리면서 전혀 잠을 자지 못하는 상태가 됐습니다. 이틀 동안의 급변으로 아내가 또다시 절망의 늪으로 빠지지는 않을까 걱정된 남편은 요양보호사의 도움 없이 마지막까지 혼자서 간병하겠다며 아내 곁을 24시간 지켰습니다.

12월 29일, 그의 집으로 왕진을 나간 오가사와라 내과 소속 의사와 간호사가 피곤해 보이는 남편에게 이렇게 말했습니다.

"잠을 전혀 못 주무시나 봐요. 환자분도 남편분도 많이 지치신 것 같으니 완화적 진정요법을 시도해보는 건 어떨까요? 한번 생각해보세요."

남편은 고통에 시달리는 아내를 혼자서 간병하느라 지칠 대로 지쳐 있었습니다.

같은 날, 90킬로미터 떨어진 곳에서 다른 환자를 돌보고 있던 저는 THP+에 중요 표시가 있는 것을 발견하고는 토털 헬스 플래너에게 이렇게 말했습니다.

"오카사 씨를 진료하러 갔던 의사가 완화적 진정요법에 대한 이야기를 한 것 같네. 병원이 아니라 오카사 씨 집으로 가지. 아무래도 설명을 해야 할 것 같아."

재택의료에 대한 취재를 위해 우리 일행과 함께 차 안에 있던 NHK 기자도 그의 집에 가게 됐습니다.

그의 집에 도착한 저는 남편에게 완화적 진정요법에 대해 설명했습니다.

"완화적 진정이란 선택지가 있는 것은 분명합니다. 하지만 완화적 진정요법을 시행하면 영원한 이별을 하게 되기 때문에 어디까지나 최후의 수단이어야 합니다. 그보다는 야간 세데이션을 통해 잠을 충분히 자도록 하는 것이 남편분을 위해서도 좋을 거예요. 우선 야간 세데이션을 시작해 피로의 악순환을 끊도록 합시다."

야간 세데이션을 시작하자 그는 잠을 푹 잘 수 있게 됐습니다. 그의 남편도 수면 시간을 충분히 확보할 수 있게 돼 마음의 여유가 생긴 듯했습니다.

12월 31일 섣달 그믐날, 섬망 증상이 사라지고 통증도 가라앉은 그는 방문 간호사가 인사말을 건네자 고맙다는 인사를 했습니다. 오카사 씨 부부는 평온한 마음으로 새해를 맞이할 수 있었습니다.

③ 좋아하는 노래를 따라 부르다

2016년 1월 3일 오후에 일어난 일입니다. 잠에서 깨지 못하는 그의 어깨를 흔들고 귀에 대고 말을 걸어도 아무 반응이 없기에 남편에게 마음의 준비를 하라고 말했습니다.

"이제 마음의 준비를 하셔야 할 것 같습니다. 귀는 마지막까지 열려 있으니 못 다한 이야기를 해주거나 좋아하는 음악을 들려주세요."

"아내는 기타지마 사부로(일본 최고의 엔카 가수_옮긴이)를 제일 좋아했어요."

"그럼, 기타지마 노래를 틀어볼까요? 좋아하는 가수의 노래를 들으며 눈을 감으신다면….”

제 말이 채 끝나기도 전에 기타지마 사부로의 노래가 흘러나왔습니다. 노래가 흐르는 가운데 남편과 기자가 이야기를 나누고 있을 때였습니다.

“여기 좀 보세요. 환자분 손이 움직이고 있어요.”

“어머, 정말 움직이네요.”

“노래도 따라 부르시는 것 같아요.”

그가 마비되지 않은 오른손을 움직이며 입을 우물거리고 있었습니다. 그 자리에 있던 모두가 놀라 눈이 휘둥그레졌습니다. 그를 바라보던 저의 입에서 엉겁결에 이런 말이 튀어나왔습니다.

“내가 말을 걸 때는 아무 반응도 없더니 기타지마 노래에는 반응하네.”

기타지마의 노래를 들으면서 소리 없이 노래를 따라 부르는 그의 모습은 〈클로즈업 겐다이〉라는 방송을 통해 공개됐습니다. 반신마비와 언어장애로 인해 말을 할 수 없을 뿐만 아니라 환한 웃음도 지을 수 없었지만 행복해 보였습니다. 아내의 그런 모습을 보고 남편도 저도 매우 기뻤습니다.

이틀 후인 1월 5일 오후, 잠에서 깬 아내에게 남편이 이렇게 말했습니다.

“지금까지 잘 견뎌줘서 고마워. 하지만 이젠 너무 애쓰지 않아도 돼.”

두 시간 정도 흐른 뒤 그는 남편을 바라보며 마지막 남은 힘을 다해 '고마워'라는 말을 남기고는 가족이 지켜보는 가운데 머나먼 여행을 떠났습니다. 그의 눈에서 눈물이 주르르 흘러내렸습니다.

④ 1년이 지난 뒤

2017년 1월, 오카사 씨가 세상을 떠난 지 1년이 지난 어느 날, 남편이 병원을 찾아와 MRI 검사가 잘못됐을 때의 억울한 심정을 토로했습니다. 남편의 얼굴에 그늘이 있던 이유를 비로소 알게 됐습니다.

"그래도 무사히 일주기를 마치고 나니 이제 조금 마음이 편해졌습니다."

"참 많은 일이 있었네요. 혼자서 생활하기는 힘들지 않으세요?"

"아내가 자기가 죽으면 밥은 어떻게 하냐고 걱정하길래 아침, 점심은 밖에서 해결하고 저녁은 대충 때우면 된다고 했었는데요. 아내가 떠나자 혼자서도 밥을 잘 해먹게 되더라고요."

"끼니 거르시지 말고 잘 챙겨 드세요."

"아내가 췌장암 진단을 받고 나서는 안 좋은 일만 자꾸 생겼었는데 먼저 떠난 아내 사진을 보고 있으면 아내가 마지막에 남긴 고맙다는 말이 떠올라 행복해집니다. 아내가 하늘에서 보고 있다고 생각하면 잘 살아야겠다는 생각을 합니다."

⑤ 완화적 진정은 환자가 두 번 죽는 일

〈클로즈업 겐다이〉에서 놀라운 사실을 공개했습니다. 집에서 임종을 맞이한 암 환자 일곱 명 중 한 명에게 완화적 진정요법을 시행했다는 믿을 수 없는 조사 결과가 보도된 것입니다.

수많은 경험과 강연을 통해 얻은 정보와 일본 재택호스피스협회의 회장으로 역임하면서 알게 된 사실로부터 다음과 같은 결론에 이르렀습니다. 재택의료서비스를 제공하는 의사에 따라 서비스의 질이 다르고 완화적 진정요법을 시행하는 빈도가 다르다는 것입니다.

직관적인 판단이지만 일곱 명 중 한 명의 빈도로 재택 환자에게 완화적 진정요법을 시행하는 의사가 있다는 것은 그들이 병원에서도 완화적 진정요법을 실시해본 경험이 있기 때문에 참기 힘든 고통을 호소하는 재택 환자에게도 손쉽게 시행하는 것은 아닐까 싶습니다. 완화적 진정요법의 시행 빈도는 재택 완화 케어에 대한 노하우가 있다면 십분의 일로 줄고 재택 호스피스 완화 케어에 대한 노하우가 있다면 백분의 일로 줄어들 것입니다.

완화적 진정요법을 받은 환자는 두 번 죽게 되는 것입니다. 첫 번째는 완화적 진정요법을 받을 때이고 두 번째는 실제로 사망했을 때입니다. 첫 번째는 마음이 죽는 것이고 두 번째는 육체적으로 죽는 것입니다. 눈에 보이지 않는 생명의 울음소리가 들리지 않나요?

완화적 진정요법을 받겠다고 결정하는 것은 환자 본인입니다. 견디기 힘든 고통을 해소하기 위한 어쩔 수 없는 선택이라면 가족의 동의를 얻은 후에 최후의 수단으로써 완화적 진정요법을 시행하게 됩니다. 환자에게 의사결정능력이 없는 경우는 가족이 결정합니다. 그러나 가족이 완화적 진정요법을 선택하게 되면 우리가 죽였다는 후회와 가족을 잃은 슬픔에 휩싸이게 될 가능성이 높습니다.

노하우는 오랜 경험에 의해 축적되는 것이라서 처음부터 잘하는 사람은 없습니다. 저도 미숙했던 40대 때 딱 한 번 완화적 진정요법을 시행한 적이 있습니다. 현재, 오가사와라 내과에서 재택 호스피스 완화 케어를 제공받고 있는 환자들 중에는 매우 병세가 심각한 환자도 있습니다. 하지만 재택 호스피스 완화 케어만으로도 참기 힘든 고통을 완화해주고 웃음을 되찾아줄 수 있기 때문에 완화적 진정요법을 시행할 필요가 없습니다. 그래서 재택 임종 비율이 95퍼센트에 달하는 것입니다.

재택 임종 비율이란 가정에서 임종을 맞이했는지를 나타내는 수치로 재택의료서비스의 질을 나타내기도 합니다. 통증에 시달리는 환자를 입원시키는 것으로 해결하는 병원은 재택 임종 비율이 낮다고 할 수 있습니다. 재택 임종 비율이 높은 것도 좋지만 중요한 것은 내용입니다. 완화적 진정요법을 손쉽게 시행한다면 재택 임종 비율은 높아지겠지만 그런 의사는 어떤 것이 환자에게 행복한 임종인지 모를 것입니다.

안락사로 오해받기 쉬운 완화적 진정요법을 시행하기 전에 고통의 원인인 다량의 주사액을 줄이거나 모르핀 투여량을 늘리거나 '야간 세데이션'을 실시하는 등 환자에게 뭘 해줄 수 있는지 먼저 생각해야 합니다. 그렇게 한다면 완화적 진정요법을 시도할 필요가 없어질 뿐만 아니라 가족에게 고맙다는 말을 남기고 떠날 수 있는 훈훈한 이별도 맞이할 수 있을 것입니다.

재택 호스피스 완화 케어가 확대된다면 환자는 마지막까지 즐겁게 지내다 평온한 임종을 맞을 수 있고 남겨진 가족은 소중한 사람을 웃으며 떠나보낼 수 있게 될 것입니다.

모두가 홀가분한
마지막을 맞기 위해

●

오시마 미노리(60세 여성)

병명: 담관암, 폐쇄성 황달(남은 수명 수주일)

가족: 혼자 산다

●

마지막으로 재택의료의 주역은 방문 간호사라는 것과 앞으로 우리 사회가 어떻게 변해야 모두가 행복해질 수 있는지에 대해 이야기하고자 합니다.

2008년 4월, 오시마 씨는 오가사와라 내과에서 시행하는 재택 호스피스 완화 케어를 받고 있었습니다. 그에게 주어진 시간이 얼마 남지 않은 상황이었지만 저는 베를린에서 열리는 학회에 참석하기 위해 약 2주 동안 병원을 비우고 유럽에 가야 했습니다.

그는 출발을 앞두고 있는 저에게 아쉬운 듯 이렇게 말했습니다.

"선생님께서 유럽에서 돌아오셨을 때는 저는 이 세상 사람이 아닐 것 같은데요."

"그럴 수도 있겠네요. 2주는 꽤 긴 시간이니까요."

"2주는 길죠. 선생님, 오늘이 마지막일 수도 있겠네요."

이런 대화를 나눈 뒤 저는 유럽으로 떠났습니다. 독일에 도착해서는 유명한 호스피스 병원을 시찰하러 갔습니다. 차분한 분위기의 3층짜리 하얀 건물이 아름다운 나무들로 둘러싸여 있었고 복도 정면에는 이런 말이 적혀 있었습니다.

세상을 떠나신 분이 있는 날에는 현관에 놓여 있는 촛불을 하루 종일 밝혀 고인의 명복을 빌도록 합시다.

호스피스 병원에 입원한 환자들은 매우 평온한 얼굴로 가족과 일광욕을 즐기고 있었습니다.

"사람을 편안하게 해주는 곳이네요. 돌아가기 전에 선생님께 인사라도 드리고 싶은데요."

저를 안내해준 간호사가 어리둥절한 표정을 지으며 이렇게 대답했습니다.

"말기 암 환자를 돌보는 데 의사가 왜 필요한가요?"

"그러네요. 의사는 없어도 되네요. 그럼 모르핀은 어떻게 처방하나요?"

"근처에 있는 병원에서 미리 처방을 받아두면 됩니다."

"그렇군요. 필요한 약물을 미리 처방받아두는군요."

"네, 처방만 미리 받아두면 나머지 일은 간호사가 하면 되니까요."

"일본은 환자의 상태가 악화된 후에 약을 처방하기 때문에 의사의 손이 많이 갑니다."

간호사와 악수를 나누고는 호스피스 병원을 빠져나왔습니다.

동화〈잠자는 숲 속의 미녀〉의 배경으로 유명한 노이슈반스타인성에 도착해서 그에게 전화를 했습니다.

"오시마 씨, 몸은 좀 어떠세요?"

"선생님, 너무 힘들어요. 이제 세상을 떠나도 되지 않을까요?"

"오시마 씨가 그렇게 생각하신다면 그래도 되지 않을까요. 저는 지금 신데렐라성에 있어요. 실제로 보니까 멋지네요."

스위스로 건너가 마터호른산을 바라보며 다시 전화를 걸었습니다.

"아직 살아계시네요. 전화하길 잘했네요. 통증은 없으세요?"

"네, 아프진 않아요. 선생님을 뵙고 떠나고 싶은데 그럴 수 있을까요? 아니, 그냥 포기할래요."

"계속 기다리지 않으셔도 돼요."

독일에 돌아온 후 베를린에 있는 호텔에서 다시 전화를 했습니다.

"저, 아직 못 떠나고 있어요. 왜 그럴까요? 하지만 이번엔 진짜 마지막일 것 같아요."

"그래요. 근데 제가 오시마 씨에게 드리려고 멋진 그림 하나를 샀거든요. 너무 싸구려라 좋아하실지 모르겠네요."

일본에 도착하자마자 공항에서 전화를 걸었습니다. 놀랍게도 그는 아직도 저를 기다리고 있었습니다. 전화를 끊고 바로 그의 집으로 향했습니다. 집에 들어서자 방문 간호사와 돌보미가 있었습니다. 그림을 선물하고 두 시간 정도 지났을 무렵 그는 세상을 떠났습니다.

의사와 환자 사이에는 강한 유대감이 형성됩니다. 하지만 그 유대감은 의사가 없어도 진심을 다해 환자를 돌보는 방문 간호사가 있기에 얻을 수 있다고 생각합니다. 같은 목적을 향해 모두가 힘을 합하는 협업 시스템과 그 모든 것을 관장하는 사람이 필요하다고 생각했습니다. 그 역할을 담당하는 사람이 이미 여러 번 언급한 바 있는 토털 헬스 플래너입니다.

독일에서 귀국한 2008년에 '토털 헬스 플래너 케어 시스템'을 만들어 다양한 직종 간의 협업이 원활하게 이뤄지도록 관리하는 사람을 토털 헬스 플래너라고 부르고 양성교육을 시작했습니다. 현재는 12곳의 병원에서 42명의 토털 헬스 플래너가 활약하고 있습니다. 토털 헬스 플래너가 제 역할을 다함으로써 재택의료의 과제이기도 한 의사의 업무 부담이 줄어들었을 뿐만 아니라 재택의료에 만족하는 환자와 가족이 늘었습니다.

2013년부터 3년 동안 기후현에서 재택의료의 보급·확대·충실 이행을 목적으로 시행하는 '원격진료시스템을 이용한 재택의료시범

사업'에 오가사와라 내과도 참여했습니다.

　이 사업에 참여하면서 오가사와라 내과가 고안한 다섯 가지 시스템을 소개하겠습니다. 이 시스템은 지금 재택 호스피스 완화 케어를 추진함에 있어서 중요한 기둥이 되었습니다.

① 토털 헬스 플래너 케어 시스템: 다양한 직종 간의 협업이 이뤄지는 시스템

② THP+: 환자와 관련된 모든 사람이 정보를 공유할 수 있는 애플리케이션

③ 원격진료: 언제 어디서든 진료할 수 있는 화상 전화기

④ 퇴원조정: 퇴원을 원하는 환자에게 적합한 의사를 연결해주고 퇴원시키는 것

⑤ 교육적 재택 완화 케어: 의사들끼리 서로 배우고 가르치는 것

　여기에서는 교육적 재택 완화 케어에 대해서 보충 설명을 하겠습니다.

　오가사와라 내과에서는 100킬로미터 떨어진 경우도 포함해 기후현을 중심으로 암 환자 76명, 비암 질환 환자 12명 등 총 88명에게 교육적 재택 완화 케어를 실시했고 재택 임종 비율은 97퍼센트였습니다. 재택 호스피스 완화 케어를 제공할 수 있는 의사가 늘어난다는 것은 그만큼 많은 지역에서 많은 사람이 행복한 임종을 맞을 수 있다는 이야기입니다. 서로 가르치고 배우는 의사들 간의 협업이 더 많이 이뤄졌으면 좋겠습니다.

재택의료가 보급됨에 따라 장기 입원 환자를 줄이고 재택의료를 추진하려는 움직임이 보이고 있습니다. 의료비 및 사회보장비 절감이 재택의료를 추진하는 이유 중 하나이기도 하지만 가장 큰 이유는 자신이 원하는 곳에서 즐겁게 지내다 잠자듯 평온하게 죽을 수 있기 때문입니다.

재택의료는 환자에게 웃음을 선사하는 의료입니다. 환자에게 재택의료서비스를 제공할 때는 다양한 직종을 가진 사람들이 같은 눈높이에서 마음의 대화를 나누며 서로 돕는 조력자가 되어야 합니다. 환자에게 웃음을 되찾아줄 수 있는 재택 호스피스 완화 케어를 시행해야 합니다. 지역 주민들이 참여하는 지역 밀착형 포괄 케어 시스템도 구축해야 한다고 생각합니다.

'응애' 하는 울음소리와 함께 이 세상에 태어나는 아기는 거의 잠만 잡니다. 크면서 기고, 아장아장 걷고, 빠르게 걷다가 뛸 수 있게 됩니다. 나이가 들어 죽음이 임박해지면 아기처럼 아장아장 걷게 되고 기다가 마침내 거동을 못하게 됩니다. 이런 자연의 섭리에 따라 살다가 죽을 수 있을 때 사람은 고통을 덜 받게 됩니다. 하지만 지금의 일본은 자연의 섭리를 역행한 장수 국가에 불과합니다. 자연의 섭리를 따르는 재택 호스피스 완화 케어가 널리 확대됐을 때 비로소 진정한 장수 국가가 된다고 확신합니다.

고도의 기술이 필요하거나 시급히 생명을 살려야 할 때만 병원에서 치료를 받고 그 외의 사람들은 편히 쉴 수 있도록 마지막까지 집에서 자연의 섭리에 따라 살아가는 것이 바람직하다고 생각합니다.

지금까지 즐겁게 살다가 웃으며 세상을 떠나기 위해서는 자신이 원하는 곳에서 진심을 다해 간병해주는 의료진에게 완화 케어를 받아야 한다고 말해왔는데 마지막으로 한마디만 덧붙이겠습니다.

사람은 혼자서는 살 수 없습니다. 임종을 맞이할 때도 혼자는 아닙니다. 사람은 공동체 속에서 서로 도움을 주고받는 관계를 맺으며 살아갑니다. 그렇기 때문에 의료진만이 죽음을 앞둔 생명을 다루는 것이 아니라 지역 사회에서 서로 배려하며 공동체를 만들어야 한다고 생각합니다.

| 토털 헬스 플래너 케어 시스템을 통해 환자를 돌본다(협력 · 협동 · 협조+개입) |
(의료, 간호, 간병, 복지, 보건 등)

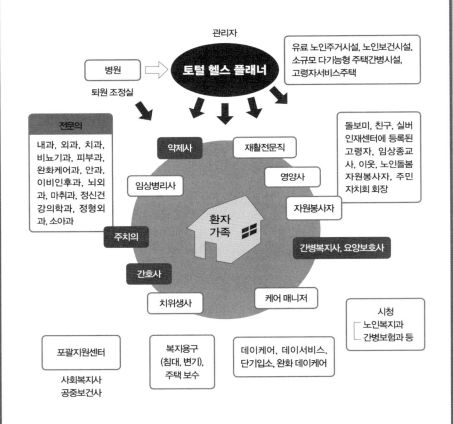

●

함께 웃을 수 있어야
진정으로 행복한 죽음이다

●

"오가사와라, 나 졸지에 돌팔이 의사가 됐어."

의사가 된 지 3년째 되던 어느 날, 선배 의사가 갑자기 이런 말을 했습니다.

"무슨 소리예요? 선배님보고 다들 명의라고 칭찬하던데요."

"그게, 병세가 위독해 보이는 간암 환자가 있어서 가족을 불렀는데 환자를 퇴원시키더라고. 그땐 어안이 벙벙해서 아무 말도 못 했어."

"그런 일이 있었군요."

"근데 오늘 그 환자를 만났지 뭐야. 7년이나 지났는데 걸어서 우리 병원에 왔더라고."

"정말요?"

"너도 조심해. 퇴원시키면 돌팔이가 되니까."

책을 읽으신 분들이라면 이유를 짐작하실 겁니다. 저는 1,000명 이상의 재택 환자, 50명 이상의 독거 환자에게 재택 호스피스 완화 케어를 제공하고 나서야 그 수수께끼를 풀 수 있었습니다.

마지막까지 환자 본인이 원하는 곳에서 지내면 생명의 기적을 낳을 수 있다는 사실, 그리고 재택 호스피스 완화 케어를 적절히 시행한다면 남은 생을 즐겁게 살 수 있는 것은 물론 열 명 중 세 명에게는 연명 효과도 있다는 사실을 알게 됐습니다.

연명치료를 통해 그저 생명을 이어가는 것이 아니라 자신이 원하는 곳에서 희망과 행복을 안고 살아가기에 떠날 때를 선택할 수 있는 신비한 힘이 있는 것입니다.

환자가 마지막까지 집에서 지내고 싶다는 소원을 이루고 자연의 섭리에 따라 행복한 임종을 맞이했을 때, 남겨진 가족은 이별의 슬픔으로 눈물은 흘리더라도 웃으며 떠나보낼 수 있습니다. 소중한 사람을 웃으며 떠나보내는 광경을 목격할 때마다 '모두 웃고 있네. 그럼 나도 웃으며 떠나야지' 하는 소리가 들리는 듯합니다. 슬픈 죽음이 아니라 함께 웃으며 브이 자를 그릴 수 있는 죽음은 지금의 상식으로는 이해할 수 없는 일일지도 모릅니다. 하지만 웃는 얼굴로 떠나고 웃는 얼굴로 떠나보낼 수 있다면 그야말로 행복한 임종이 아닐까요?

사람은 반드시 죽습니다. 어차피 죽을 거라면 웃으며 죽음으로써 남겨진 가족에게 슬픔을 안겨주지 않을 수 있다면 이보다 더 행복한 죽음은 없을 것입니다.

일본 재택호스피스협회의 회장으로서 수년 전부터 일본 국내는 물론 전 세계에서 계몽 강연활동을 하면서《우에노 지즈코가 묻다, 오가사와라 선생님 집에서 혼자 죽을 수 있나요?》라는 책을 냈습니다.

　　그로부터 4년 후 일본이 초고령화 사회에 진입하면서 사망자 수가 급격하게 증가할 것이라는 불안감은 한층 더해지고 있습니다. 초고령화 사회에서는 재택 호스피스 완화 케어의 필요성이 더욱 절실해질 것입니다. 죽음은 고통스럽고 슬픈 것이 되어서는 안 된다는 신념과 재택 호스피스 완화 케어의 진실을 알고 싶다는 많은 환자의 소망을 이뤄주는 것이 저의 사명이라고 생각을 갖고 다시 펜을 들었습니다.

　　책 출간에 도움을 주신 환자와 가족 분들, 오가사와라 내과 소속의 의료진을 비롯해 많은 분께 마음으로부터 감사드립니다.

오가사와라 분유

더 없이 홀가분한 죽음

초판 1쇄 인쇄 2018년 11월 13일 **초판 1쇄 발행** 2018년 11월 20일

지은이 오가사와라 분유 **옮긴이** 최말숙
펴낸이 연준혁

출판 2본부 이사 이진영
출판 2분사 분사장 박경순
책임편집 김하나리
디자인 함지현

펴낸곳 (주)위즈덤하우스 미디어그룹 **출판등록** 2000년 5월 23일 제13-1071호
주소 경기도 고양시 일산동구 정발산로 43-20 센트럴프라자 6층
전화 031)936-4000 **팩스** 031)903-3893 **홈페이지** www.wisdomhouse.co.kr

값 15,000원 ISBN 979-11-6220-929-5 03100

국립중앙도서관 출판시도서목록(CIP)

더 없이 홀가분한 죽음 : 고통도 두려움도 없이 집에서 죽음을 준비하는 법 / 지은이: 오가사와라 분유 ; 옮긴이: 최말숙. -- 고양 : 위즈덤하우스 미디어그룹, 2018   p. ;   cm

원표제: なんとめでたいご臨終 원저자명: 小笠原文雄
일본어 원작을 한국어로 번역

ISBN 979-11-6220-929-5 03100 : ₩15000

죽음학[--學]

126.5-KDC6
128.5-DDC23   CIP2018030384